电视、记忆与怀旧

[英] 埃米·霍尔兹沃思 / 著　童 欣 / 译

四川大学出版社
SICHUAN UNIVERSITY PRESS

四川省版权局著作权合同登记图进字 21-24-156 号

图书在版编目（CIP）数据

电视、记忆与怀旧 / （英）埃米·霍尔兹沃思著 ；
童欣译. -- 成都：四川大学出版社，2024.9
　　（媒介与记忆译丛 / 黄顺铭主编）
　　ISBN 978-7-5690-6046-1

　　Ⅰ. ①电… Ⅱ. ①埃… ②童… Ⅲ. ①电视文化－研
究 Ⅳ. ① G220

中国国家版本馆 CIP 数据核字（2023）第 062259 号

书　　　名：电视、记忆与怀旧
　　　　　　Dianshi、Jiyi yu Huaijiu
著　　　者：[英]埃米·霍尔兹沃思
译　　　者：童　欣
丛　书　名：媒介与记忆译丛
丛书主编：黄顺铭

出 版 人：侯宏虹
总 策 划：张宏辉
丛书策划：侯宏虹 陈 蓉
选题策划：王　冰
责任编辑：王　冰
责任校对：陈　蓉
装帧设计：叶　茂
责任印制：王　炜

出版发行：四川大学出版社有限责任公司
　　　　　地址：成都市一环路南一段 24 号（610065）
　　　　　电话：(028) 85408311（发行部）、85400276（总编室）
　　　　　电子邮箱：scupress@vip.163.com
　　　　　网址：https://press.scu.edu.cn
印前制作：四川胜翔数码印务设计有限公司
印刷装订：四川省平轩印务有限公司

成品尺寸：148mm×210mm
印　　张：9
字　　数：167 千字

版　　次：2024 年 9 月 第 1 版
印　　次：2024 年 9 月 第 1 次印刷
定　　价：66.00 元

本社图书如有印装质量问题，请联系发行部调换

版权所有　◆侵权必究

扫码获取数字资源

四川大学出版社
微信公众号

"媒介与记忆译丛" 总序

　　作为一种社会现象，记忆乃是人类社会生活之基础，它在人类历史进程中不断地走向外化。每个人的血肉之躯都提供了一个天然的记忆媒介，但这种具身的"生物记忆"和"内部记忆"仅仅是人类历史上众多记忆形态之一。其他记忆形态都始终或多或少、或深或浅地牵涉体外化的记忆媒介，诸如文字、图像、声音，诸如遗址、纪念碑、博物馆，诸如报纸、广播电视、互联网。这些各有记忆可供性的媒介相互交织，并由此形塑出了缤纷多彩的记忆图景。而随着一个社会中的整体媒介生态及其主导媒介形式发生变化，其记忆图景也自然会相应改变。因是之故，在口语时代、印刷时代、电子时代、数字时代中，记忆图景各各不同，其中的主导性记忆范式亦各各不同。当下，我们正处在人类记忆史上的新时代，建基于二进制的数字技术和企图连结一切的互联网在深刻形塑社会生活的同时，也在深刻形塑着记忆的生产、存储、表征、分享。在未来相当长一段时间内，记忆的"连结性转向"都将成为数字记忆的一个核心命题。

媒介与记忆研究在西方已然硕果累累，中国学者近年来也对此兴趣日浓，并取得不少优秀成果。在此学术背景下，我们深感有必要策划并推出一套"媒介与记忆译丛"。本着鲁迅先生的"拿来主义"原则，我们希望本译丛提供一套既具学术价值也可开阔视野的参考资料，以进一步激发中国媒介与记忆研究的想象力，为推进中国本土的媒介与记忆研究贡献绵薄之力。得益于四川大学文学与新闻学院的慷慨资助，得益于四川大学出版社的大力支持，得益于身为"文化中间人"的译者们的辛勤付出，本译丛才能最终顺利踏上这场跨国的、跨语言的"理论旅行"。

黄顺铭

致　谢

　　这本书源于我在华威大学电影与电视研究系完成并由艺术与人文研究委员会资助的博士论文。我特别感恩夏洛特·布伦斯顿（Charlotte Brunsdon），她在这项研究早期阶段给予我出色的指导与支持。对于华威的朋友们，我想感谢特蕾西·麦克维（Tracey McVey）、蕾切尔·莫斯利（Rachel Moseley）、海伦·惠特利（Helen Wheatley）和她们持续的情谊。尽管我们都已结束求学迈入新的阶段，仍谢谢詹姆斯·贝内特（James Bennett）、马利尼·古哈（Malini Guha）、艾丽斯·克莱内克－贝茨（Iris Kleinecke-Bates）、克里斯·梅尔（Chris Meir）、劳拉·奥尔蒂斯－加勒特（Laura Ortiz-Garrett）与莎拉·托马斯（Sarah Thomas）和他们给我带来的乐趣、消遣、慰藉与团结。特别是法耶·伍兹（Faye Woods），在整个研究过程中，她一直不断鼓励我，与我分享想法与研究素材。

　　这项早期的研究直到我在格拉斯哥大学才逐渐发展为一本专著。我想感谢我在格拉斯哥影视系的所有同事，承蒙他们给予我空间与时间来完成它，并提供了一个如此热情与支持的氛围。我必须特别感谢迪米特里斯·埃莱夫塞里奥蒂斯（Dimitris Eleftheriotis）阅读和与我讨论第三章的初稿，感谢迈克尔·麦肯（Michael McCann）的技术才华以及他一直带给我的欢笑，谢谢凯伦·卢里（Karen Lury）始终如一的洞察、灵感、慷慨与指导，让我受益无比。此外，我要向格拉斯哥的学生们致谢，他们选修了我在2009—2010学年开设的"当代电视戏剧"与"电视、记忆与档案"独立研究课程。在这些教学经历中，他们的能量与热情帮助我重拾了这项研究。

感谢所有倾听、评论、交流观点与素材并支持过这项研究的人。我格外感激"英国中部地区电视研究"与"英国北方电视研究"学术团队的成员：杰罗姆·德格鲁特（Jerome de Groot）、安·格雷（Ann Gray）、艾琳·贝尔（Erin Bell）、强尼·罗伯茨（Jonny Roberts）、丽莎·泰勒（Lisa Taylor）、艾米丽·马歇尔（Emily Marshall）、梅兰妮·霍耶思（Melanie Hoyes）、克尔·卡斯尔（Kerr Castle）与安德鲁·霍斯金斯（Andrew Hoskins）。感谢布拉德福德国家媒体博物馆的学者们，伊恩·洛吉-贝尔德（Iain Logie-Baird）、凯瑟琳·布莱克（Kathryn Blacker）、凯特·邓恩（Kate Dunn）、克莱尔·托马斯（Claire Thomas）与希娜·维戈尔斯（Sheena Vigors），他们的开放包容与洞见使我获益匪浅。此外，我还想向帕尔格雷夫·麦克米伦出版社的凯瑟琳·米切尔（Catherine Mitchell）表达谢意，她为本书的最终成稿提供了极其专业的帮助与指导。

最后，感谢朋友们与家人们给我的爱与无限耐心，尤其是 C. C.、约翰·霍尔兹沃思（John Holdsworth）、布里奥尼·法尔（Briony Farr）、珍妮特（Janet）和约翰·安德林（John Andelin）、马特（Matt）和山姆·海博尔（Sam Hayball）以及我的妹妹杰西卡（Jessica）——最重要的是她不仅陪我看着电视长大，现在也依然会根据我的推荐看节目。

本书引言和第五章的部分内容曾以《"电视复兴"：电视与记忆》为题，首次刊登于 2008 年《电影杂志》（*Cinema Journal*）总 47 期的第 3 期，第 137 至 144 页，作者为埃米·霍尔兹沃思（Amy Holdsworth），版权属于得克萨斯大学出版社。版权所有，侵权必究。

第三章的早期版本为论文《客从何处来：英国电视上的家族历史与记忆》，曾收录于 E. 贝尔（E. Bell）与 A. 格雷（A. Gray）主编的《历史的电视化》（*Televising History*）（帕尔格雷夫·麦克米伦出版社，2010 年），此章节经授权后修订出版。

目　录

图目录

绪　论

电视通常以"瞬息万变""转瞬即逝""易于遗忘"为特征，更有甚者，它被视为一种"失忆"媒介，会导致"对记忆的削弱"。电视不仅是学术界糟糕的批判对象，也是一个糟糕的记忆对象。在描述从现代性到晚期现代性记忆理论与关注转向时，苏珊娜·拉德斯通（Susannah Radstone）指出："在 19 世纪，与传统的决裂和漫长的持续过程构成了记忆危机的时间要素，而到了 20 世纪后期，这种危机则更多受到了即时性、瞬时性与共时性经验的影响。"（2000：7）拉德斯通进而重申，根据索伯切克（Sobchack）的观点，新的电子技术发展"消弭了以往将事件与表征区隔开的距离"，这在一定程度上造成了"记忆危机的加深"（同上）。安德烈亚斯·胡伊森（Andreas Huyssen）在其专著《现在的过去》（*Present Pasts*）中，探讨了当代的记忆迷恋如何被视为对西方社会"失忆症蔓延"的一种回应。在他看来，"公众对遗忘的强烈恐慌"与"当下公众对记忆的痴迷"不期而遇（2000：17）。该书对记忆危机与记忆繁荣之悖论的探究，为我们提供了一种重新思考电视在其中角色的路径，即针对电视这种常被视为遗忘隐喻的媒介，考察和电视有关的记忆及其怀旧功能。

人们对纪念活动和周年庆典的执着在电视中一览无遗。世界大战和世界杯①这类宏大的历史叙事，正在持续通过电视被反复播放和重新讲述。正是在这些以电视为代表的"新电子技术"身上，当代人对记忆的迷恋变得显而易见。胡伊森这样写道：

> 对记忆与过去的转向，伴随着一个巨大的悖论。批评家们越来越频繁地指责这种充斥着失忆、麻痹或木然的当代记忆文化。他们责备人们无意愿或无能力去铭记，也哀叹世人已经丧失了历史意识。这种对失忆的指责总是体现在对媒介的批评中，但恰恰是这些媒介——从印刷品到电视，再从光盘到互联网——为我们每天提供了更多的记忆。(2003：16 – 17)

虽然胡伊森继而讨论了记忆与遗忘之间的关系，认为有必要把一种泛滥的记忆与信息文化和"可利用的过往与一

---

① 电视记忆经典的价值不可避免地会因不同国别的语境发生变化，这对某些关于国家认同的理解尤为重要。例如，关于两次世界大战的电视叙事以及对英格兰1966年世界杯冠军的广泛回忆都占据了主导地位。对于保罗·吉尔罗伊（Paul Gilroy）来说，对这些事件的"痴迷"体现在英国足球文化里那首声名狼藉的歌曲《两次世界大战与一次世界杯》中，这首歌提供了"对一个曾经的帝国国度病态文化的富有价值的洞察，这个国家一直无法接受自己在一个坚定的后殖民世界中不可避免地丧失威望"（吉尔罗伊，2004：117）。

次性数据"区分开来（2003：18），但对媒介形式和当代记忆文化运作问题的特别关切，我们也应当予以回应。拉德斯通断言"'记忆'在不同时期意味着不同的东西"（2000：3），并建议我们更多考虑"当代记忆关切的**特殊性**"①（2000：6）。这意味着记忆研究必须开启对特定媒介的审视。就电视与记忆的关系而言，主要存在两种研究视角。一种受到胡伊森的启发，关注电视在当代记忆文化构成中扮演的角色；第二种则是更被忽视的研究领域，考察记忆在特定的电视文化运作中扮演的角色。胡伊森认为，"我们不能脱离新媒介作为各种形式记忆载体的巨大影响力，去孤立地讨论个体、代际或者公共记忆"（2003：18）。若如他所言，我们就极有必要重新评估记忆与电视的关系。这不仅有助于理解记忆如何运作，用卡伦·卢瑞（Karen Lury）的话说，也是一种"为了理解电视如何运作的尝试"（2001：25）。我们需要的是对以上问题再审视，同时又能保持对电视形式和实践特殊性与多样性的尊重。

大卫·莫利（David Morley）提示我们，"如果电视是一种视觉媒介，那么它也是一种具有自身的客观物质性和广泛象征功能的媒介"（2007：282）。这种对电视的理解贯穿本书的研究，也是开篇章节的核心。从英国情景喜剧《罗伊尔一家》（*The Royle Family*）（BBC，1998 年起）到日本

---

① 加粗部分在原文中为斜体，乃作者所注，为便于识别，译文改为加粗，后同。

3 恐怖电影《午夜凶铃》(*Ringu*)(导演：中田秀夫［Hideo Nakata］，1998 年），通过一系列电视内外的案例，我探讨了电视与记忆的多重关系曾经如何并且还可以如何被思考，分析的核心是考察电视同时作为视觉媒介与物质客体之间的相互作用。我的讨论基于电视是在家庭空间中被观看的家用物品，采用"黑镜"隐喻来考量家庭内外、电视与观者之间多种形式的映照。与那些认为电视失忆的观点相反，本书对电视记忆的讨论超越了对新闻与媒体事件的优先关注，它被同时视为两个体系的组成部分，即记忆的物质性网络，以及家庭与家族内部日常记忆的生成系统。

本书第二章试图通过研究电视剧中的"归来时刻"及记忆与反思的表现形式，进一步理解不同的电视形态与记忆关系的运作方式。这章的核心是探讨最初引发本研究的弗雷德里克·詹姆森（Fredric Jameson）的激进看法。他认为"记忆似乎在电视中没有起任何作用，不管是商业性的还是其他的……电视的内容不会萦绕心头或者像电影的伟大时刻那样留下什么余影"（1991：70 - 71）。与之相反，我认为在我所讨论的电视剧中——《完美的陌生人》(*Perfect Strangers*)（BBC，2001 年）、《急诊室的故事》(*ER*)（NBC，1994—2009 年）、《实习医生格蕾》(*Grey's Anatomy*)（ABC，2005 年起）与《火线》(*The Wire*)（HBO，2002—2008 年），恰恰是那些产生萦绕的模式、对"余影"的巧妙运用与重复的方式和乐趣，证明了记忆在电视剧形式中的核心作用。这里的"时刻"同时也构成一种进入和书写漫长且复杂的电视剧叙事的路径。尽管"黑镜"隐喻使我们得以思考一种"产生"倒影的方式，但在第二章中使用的倒影概念主要指一种回顾和引用。正是电视的向前和向后叙事、归来与离开模式，以及电视的"盛衰兴亡"构成我对这种媒介的核心理解，也是本书所讨论的许多电视节目的特点。①

　　这个特点还部分来自电视本身对于过去和现在之间关系的探索。在第三章，我分析了《客从何处来》（*Who Do You Think You Are?*）（BBC，2004 年起）这部非常成功的家族史系列纪录片，里面的名人们展开了调查家族谱系的寻根之旅。这种电视编排将个体故事置于更广阔的社会历史之中，而后记忆的形式与记忆文本使这类追溯成为可能。因而就个体与集体的关系而言，第三章也探讨了系列叙事中的部分与整体的关系特点。《客从何处来》创造了一种肯定历史连贯性的视野，个体被视为一个更宏大画卷的组成部分，但又不是一个被动的主体，而是作为一个积极的历史行动者。这种对历史连贯性的肯定指向系列纪录片里的记忆运作，用亚历山德罗·波特利（Alessandro Portelli）的话来说，是一项通过以旅程为喻和强调探索来实现"联结的永恒工程"②。该纪录片宣传了对国族身份与自我身份的双重积极探寻，记忆则作为一种与过去进行情感联结的形式，在剧中被发掘和运用。对这部特定系列纪录片的研究作为一个案例，展示了电

4

① 我在其他地方也探讨过这一特点，参见 Holdsworth，2010。

② 'The Turin Bomb: Making and Unmaking the Memory of World War II', a research seminar presented at the University of Glasgow, 17th May 2010.

视具有同时开启和关闭潜在记忆和历史追溯的能力，也再次确认了电视在生成和强化记忆与遗忘模式时所扮演的角色。

在对充满矛盾的"记忆繁荣"的描述中，记忆与遗忘的动态是非常明显的。"后现代状态"制造了丰富的记忆以回应对遗忘的恐惧，虽然电视常被视为其中的核心，但我们能觉察电视本身陷入了一种类似的困境。可以说，由于承认电视的非物质性和瞬时性，在技术剧变、媒介的未来充满不确定的时代，这一点变得更为突出。林恩·斯皮格尔（Lynn Spigel）在《电视之后的电视》（*Television After TV*）中指出，"电视——我们曾经最熟悉的日常物品——现在正以如此快的速度发生转变，以至于我们已经完全不知道何谓'电视'了"（2004：6）。这一观察说明电视与电视研究都面临着上升的不稳定性。电视被认为是创造了转瞬即逝表演的媒介，而对它自身将不可避免地消失的担忧，可能会导致人们愈发痴迷于电视记忆和对电视的怀旧。从这个角度来看，对电视乃至电视研究的焦虑，折射出当下对于历史与记忆的整体焦虑。

以英国独立电视台 ITV 在 2005 年举办的 50 周年庆典为例，斯蒂芬·莱西（Stephen Lacey）这样写道："电视的历史在直播与屏幕上展露无遗。也许具有讽刺意味的是，在电视广播公司回首往事时，媒介正在经历一场深刻的技术和文化变革。"（2006：10）这与其说是讽刺，毋宁说是一种符合当代记忆文化讨论"逻辑"的现象：它指向的是电视**自身**的记忆繁荣，电视正"迷失于记忆**之中**"。在英国的语境

5

下，此类对过去的电视进行持续纪念的例子包括：对热门或
经典文本的重塑与复兴，例如《神秘博士》（*Doctor Who*）
（BBC，1963—1989 年；2005 年起）或《火星生活》（*Life
on Mars*）（BBC，2006—2007 年）、怀旧节目的流行（盘点
类或精选类节目）和回顾性剧集的排片（如 BBC 第四频
道)①、电视 DVD 市场现象级的增长及网络电视档案的发
展。这些为公众而复兴的电视档案的例子也清晰地表明，电
视记忆与怀旧情绪的流行，使英国广播公司执行官迈克尔·
格雷德（Michael Grade）所说的"沉睡资产"得以开发利
用（见 O'Sullivan，1998：202）

　　记忆研究的影响与"记忆繁荣"的概念促使人们关注
在电视景观中记忆与怀旧**如何**、**为何**产生，并且有**何种效
果**。我们或许可以将电视记忆与怀旧的涌现，理解为当下电
视现状的症候，以及对媒介变革的某种回应。然而，借用胡
伊森的话重新表述一下，当我们为失去的东西哀叹时，正是
数字化、DVD、在线档案这些变化，让我们每天都得以获取
更多关于电视的记忆。

　　在此，我们必须提请注意不同国家背景下的电视记忆与
怀旧。在英国，随着多频道与数字电视的兴起，过去的电视
影像的再循环明显增加，但北美广播系统的情况则完全不
同，那里的集团化制作与重播有悠久的传统。德里克·康帕

---

　　① BBC 第四频道于 2002 年开播，是 BBC 面向英国电视观众提供的数字频
道。作为一个"文化"频道，BBC 第四频道旨在"为主流电视频道的节目提供一
个明智的替代选择"（http://www.bbc.co.uk/bbcfour/faq）。

雷（Derek Kompare）对美国电视重播的历史演变进行研究，考察了他所谓的"重复的制度"，即通过无处不在的旧的电视内容，国家文化与个体的过往都在当下不断地被重现（2002：19）。他的研究提示我们，有必要去检验**什么**内容于**何时**被重播，并且考虑电视记忆与怀旧的历史与国别特性。虽然本书无意将他的研究转化成英国的比较研究，但通过梳理相关文本、大众、个人与机构的实践，关注旧的电视内容如何被重新语境化，我们或许就能研究对电视**自身**记忆文化的建构以及我们在其中的参与。

正是这些再相遇与再语境化的形式，构成了我在第四章与第五章分析的核心问题。第四章通过对电视与怀旧关系的考察，探讨了在与旧的电视内容相遇时的文本形式。怀旧是一个经常被提及的电视术语，但少有人持续关注其含义对理解电视媒介的意义。这一讨论的中心是"关于电视的电视"，即盘点类节目、英版与美版《火星生活》及各种形式的机构性怀旧。自觉、有趣、矛盾——怀旧被视作一种进入电视与自身关系和关于自身记忆的路径，从而凸显电视媒介对更宏大的社会与文化记忆的建构。虽然"关于电视的电视"离不开商业考量与制度语境，但它在很大程度上揭示了一代人与电视的关系，以及在向往与反思的特定怀旧形式之下的记忆运作。

第五章让我们回到电视的物质文化，通过对英国国家媒体博物馆（NMM）的电视展览分析，考察与历史档案的再接触。这个特别的展厅既是一个案例研究，借此能够检验电视展览的潜力与局限，同时也是一个研究视角，可结合博物馆实践中的物质与记忆文化理论，审视电视媒介的物质性意义这一长期被忽视的问题。作为电视的一种复兴形式，策展实践与展览设计揭示出电视历史与文化遗产的建构方式，也展现了电视通过记忆与怀旧引发的共鸣，在个人与集体生活里扮演了重要角色。该博物馆策展人的作品还强调，无论是在模拟电视还是数字电视中，都存在着或真实或想象的物质与非物质文化——正是这两者之间的过渡，成为探索围绕电视终结的反复焦虑的核心。然而，正如博物馆中电视的"来世"所启示的那样，无论人们如何预判电视的消亡，它的过往都始终萦绕我们，因为电视本身的"记忆繁荣"随着电视记忆技术与实践的激增而不断扩大。电视未死，而是通过丰富的文本、公众、个体与机构的实践，在当代文化中循环往复。弗雷德里克·詹姆森（Fredric Jameson）曾断言记忆"在电视中无足轻重"，但在当代的电视景观里，记忆与怀旧正是其核心所在。

第1章　远在天涯：电视、空间、时间与记忆

　　本章围绕一系列来自电影、当代艺术与电视本身的例子展开，这些案例揭示了电视在大众想象中所处的地位。具体而言，每个案例各自代表着电视在建构集体与个人记忆时可被阐明、探索与想象的不同方式。尽管这其中仍有许多问题有待考察，但这并非一份关于电视与记忆多重关系的详尽汇编，而是对现有思考的引入以及对这种关系现象学方面的再审视。借助考察电视作为视觉媒介与物质客体所承担的象征功能，我们找到了一种富有成效的研究路径。

　　在两种进入电视研究的路径中，我认为正是这种视觉媒介与物质客体、电视文本与观看语境之间的相互作用，能够帮助我们有效地介入和书写电视记忆。我所使用的大部分例子是对电视观看的再现，每个案例都通过其强烈的自我反思性，彰显了这种相互作用的不同面向。倒影的形式是本书许多部分的核心，也有助于探索与自我、家庭、家庭空间和外部世界相关的电视记忆。若将电视屏幕定性为一种"黑

镜"，这个设备的神奇与电视作为物质客体的平淡无奇乃至
受忽视，产生了富有意味的比较。电视不再是房间角落里的
一个盒子，而是被嵌入了家庭环境的感官层面，它所缔造的
记忆来自感官印象的集合，使得电视被置于一张记忆之
网中。

　　针对电视与记忆之间关系的概念化问题，对空间与时间　8
的理解一直并将持续处于核心，尽管后者可能更受关注。因
此，我在本章开头采用的前两个案例提供了对于电视时间性
不同视角的理解，以此来回应目前这一关于电视记忆最广泛
的研究领域。

制造时间：记忆与媒介事件

　　在某种程度上，对于电视"现场感"的理解遮蔽了对
电视时间性的探讨，"现场感"成为电视这一媒介的决定性
特征。尽管电视与仪式和日常活动的关系被广泛提及，但人
们却很少持续关注记忆在这些体验中的作用。我们观看和体
验电视的方式发生了数字化的演变，这不可避免地影响了我
们记住电视内容的方式，因此有必要重新梳理电视、时间、
空间和记忆之间日益复杂的关系。而在本书中，模拟和数字
体验与电视记忆之间的关系也需要更深入的探讨。我并非意
图在二者之间划清界限，而是想表明，虽然这些数字革命强
化了重新思考有关电视的时间和记忆问题的必要性，但我们

也许可以大胆地更进一步，用咪咪·怀特（Mimi White）的话说，我们甚至可以去挑战电视理论的"基本假设"（2004：76）。

媒体事件（尤其是灾难性媒体事件）的表现模式——无论是作为突发新闻还是档案片段，都受到了学界的很多关注。[①] 然而，它们却主导了有关电视与记忆关系的评论，正如杰罗姆·波登（Jerome Bourdon）所言，"产生了两种相互矛盾的电视记忆模式：一种是破坏性模式，另一种则是基于单一节目类型的超级整合模式"（2003：6）。

我选取了两个案例来思考这两种模式，它们都是对观看媒体事件的表现，且都以记忆为框架。在此，我用它们来展示电视与时间的关系及其对记忆和经验的影响，以及人们如何面对和思考这些关系与影响。第一个例子是韩国电影《老男孩》（*Oldboy*）（导演：朴赞郁［Park Chan-Wook］，2003 年）中的一个片段，凸显对电视以及经验贫乏的后现代焦虑。第二个例子是 2008 年一则关于 BBC 移动新闻服务的宣传片，体现了电视记忆、西方式线性时间模式与历史的连续性情节之间的关系。记忆在这里成为 BBC 的一种宣传工具，并在连续性与传统之间建立起纽带。

---

① 例如，安德鲁·霍斯金斯（Andrew Hoskins）、斯蒂文·D. 布朗（Steven D. Brown）和努里娅·洛伦佐-杜斯（Nuria Lorenzo-Dus）（及其研究团队）承担的由艺术和人文研究委员会资助的项目"记忆的冲突：2005 年伦敦爆炸案事件的媒介化与纪念"，对某起特定的创伤性新闻事件的报道以及随后的记忆和纪念形式进行持续的跨学科研究。

迷失时间：《老男孩》

弗雷德里克·詹姆森（Fredric Jameson）认为，电视一直被视作糟糕的记忆对象与批判对象。他在《后现代主义》（*Postmodernism*）一书中写道，"新的思维在这扇坚实的窗户前受阻，于是我们用头撞窗"，但这种阻碍恰恰"与我们通过它观察到的整体或全部流动不无关系"（1991：70）。长期以来，雷蒙德·威廉姆斯（Raymond Williams）的"流动"概念一直主导电视文本模式，詹姆森等人正是基于这一概念将电视视为迷失图像与迷失时间的始作俑者。在《老男孩》（*Oldboy*）的开片场景中，电视的表现形式即为对"迷失时间"这一概念的阐释。

在一栋高楼的顶层边缘，一名身着黑色西装、满头黑发的男子正用领带拉住另一名靠在边缘的男子。伴随着经典的电子配乐，影片在荧幕上闪亮登场。"我想向你讲述我的故事"，第一个男子说道。而从此刻开始，电影通过倒叙的方式，逐渐揭示一连串最终导致了这一场景的事件。这名男子叫作吴大修（崔岷植［Choi Min-Sik］饰），他被身份不明的匪徒绑架，15 年来一直囚禁于一间类似廉价酒店房间的牢房里。在此期间，他只能依靠从牢门窗口投喂的食物生存，唯一的陪伴就是一台电视。但是，这种陪伴充满敌意与残酷，吴大修无能为力又满心困惑，只能绝望地看着电视里报道自己被绑架、妻子被谋杀、女儿失踪的消息（他猜想是自己的绑架者所为）。在电视的挑逗之下，他对身体接触的渴望与日俱增：他伸出手触摸电视屏幕，对着女歌星的表演进行自慰。但在他得到满足之前，歌曲就结束了，节目也被剪掉了。对于吴大修而言，电视带来一种虚幻的联结，帮他打发时间；在他的监禁即将结束时，一组蒙太奇镜头又展示了电视如何为导演和观众标记时间。

10　　　吴大修开始用筷子在墙壁上划来划去，尝试挖一条地道逃出牢房。在他调查可能的逃生路线时，导演通过电视蒙太奇和分割画面（见图1.1），唤起观众对于吴大修监禁时间的感知。屏幕的左边是昏暗的电影画面，吴大修通过刮擦墙壁，考察墙体之间的空隙，为获得自由而进行体力训练。屏幕右边则是1995年至2003年间发生的主要新闻事件的电视蒙太奇片段。[①] 这一组镜头的画面不像其他闪回镜头那样使用画外音，而是配上了节奏稳定的电子音乐来烘托氛围。

图1.1　《老男孩》中的分屏记忆

（朴赞郁导演，Egg Films/Show East 制片，韩国，2003 年）

---

① 前总统全斗焕被捕（1995 年）；香港回归仪式；戴安娜王妃的去世和葬礼；国际货币基金组织的正式成立；总统就职典礼；千禧年庆典；金大中总统访问朝鲜；世贸中心遇袭；国际足联世界杯在日本/韩国举行；卢武铉当选总统（2003 年）。

该片通过分割画面的使用和开头与结尾的意象，营造出一系列紧张与差异感。电影中对电视的表现，往往揭示了观众和电影制作者对于电视的态度。在大众的想象和电影人的眼中，电视往往是一种"低级"的媒介。虽然此处的分割画面可被视为强调电影和电视之间的差异，但影片中对于电视的处理却唤起了人们关于记忆与经验枯竭的后现代焦虑。杰弗里·哈特曼（Geoffrey Hartman）认为，电视及其不间断的流量产生了一种"非现实效应"（2001：113），而片中的吴大修正是在与这种非现实化的体验作斗争。

《老男孩》中，始终贯穿着对本能与身体的强调。吴大修遭受的磨难在他的身体上表现得淋漓尽致，他在手背上刻下被囚禁的年份。这种种行为，与他通过电视来"标记时间"形成了鲜明对比。前者是现实的、真切的、身体形式的记忆（几次自杀未遂留下的疤痕和他捶打墙面造成的指关节水疱），后者是模拟的、间接的、人工的电视记忆。例如，蒙太奇镜头的开场是一场通过电视直播的拳击比赛，这与这组画面结尾处吴大修对着镜头的一记本能的重拳形成了强烈反差。此处的电视更多是一种对"现场"经验和感官记忆缺失的非理想替代品。图 1.1 中，吴大修正准备出拳，那种汗水反光、阴暗冷峻的立体形象与电视新闻图表的单一性对比明显。此外，这里的电视多了一层暴力的象征，它不仅仅描绘了流逝的时间，更暗含着吴大修被绑匪**夺走**的时间。

然而，电视与记忆之间的关系还以另一种方式发挥着作用。这个片段之所以成为对时间的标记，除了采用新闻剪辑的传统，还恰恰依赖于这组蒙太奇所包含的关于新闻事件的集体记忆。安德鲁·霍斯金斯（Andrew Hoskins）在阐述"记忆的媒介化"时，探讨了"在充满冲突的电视新闻与纪录片领域，特别精选而出的幽灵（如诺曼底登陆日、越战中的'春节攻势'、9·11事件）"如何"萦绕于我们的电视屏幕"的问题（2009：38）。尽管《老男孩》中的片段揭示了这些"幽灵"的民族特性，但同时也凸显了这些媒介记忆经典的构建是集体电视记忆的一种形式。而在电视记忆的批判研究中，对电视新闻尤其是对创伤性媒体事件的偏向，一方面导致了评论的两极分化，从而复制了创伤和治疗的模式，另一方面则忽视了电视的多样性以及展现记忆和怀旧的各类电视形式、用途和体验。①

第二个案例与波登关于媒体事件评论存在分裂的观点一致，它以不同方式建构媒体事件的经验，凸显时间是一种积累性的体验，而不是一种消失性的行为。它在机构性话语中刻画电视记忆，但也指向了在记忆研究中对电视空间和位置的再想象。

时间的脚步：BBC 新闻宣传片

20 世纪 60 年代的一间客厅内，一位母亲流着泪看着肯尼迪总统遇刺的新闻片段，她的儿子在旁安抚；20 世纪 70

---

① 关于这些观点的进一步讨论参见 Holdsworth，2010。

年代的一个阳光明媚的房车公园里，一个小男孩正在室外荡秋千，一个小女孩则在车内双手托腮，观看便携式电视机里关于猫王去世的报道（见图 1.2）；柏林墙正在倒塌，办公室里三位同事围在保安的电视机前观看直播庆祝；在医院病房休息室的电视机前，一名黑人女医生一边为病人进行静脉滴注，一边观看纳尔逊·曼德拉（Nelson Mandela）获释。在树林的鸟鸣声中，一名男子打开手机，BBC 的移动新闻服务正在提醒他有新的事件发生。此时显示出广告语：**听到新闻时您在哪里**？下一次新闻您又将在哪里观看？

12

图 1.2 观看电视新闻的记忆

（BBC 宣传片，2008 年）

这则宣传片清晰地将突发新闻描述为"可以从碎片化的信息流中分离出来的时刻，具有中断普通日常的影响力时刻"（Doane，1990：228）。在日常生活的中断瞬间里，记忆被建构起来，并未随着其他电视内容的失忆性流量而消失。而从更长远的角度来看电视，这则宣传片还呈现了一系列事件的积累：此处凸显了电视和历史时间的连续性，电视

13

流量的特点并非断裂，而是反映为发展进程中的前驱动力。

这则宣传片的镜头模式也强调了这种连贯性，每一个小故事都由开场镜头、观众的中景特写以及电视机和新闻广播的特写镜头组合而成，背景音效和音乐则将这些观看的场景串连在一起。档案里新闻报道的合并音轨呈现一条贯穿的声线，都由 BBC 男记者（新闻片段中可见布莱恩·哈纳罕［Brian Hanrahan］和迈克尔·布尔克［Michael Buerk］）进行播报。宣传片最后以马克·斯特朗（Mark Strong）的广告画外音结束，其间还夹杂着重复且充满氛围感的吉他叠歌伴奏。①

为了达到推广的目的，宣传片选取了一系列"值得纪念的时刻"，将社会与政治进步（柏林墙的倒塌、曼德拉的获释）映射在科技解放的修辞上。这种关于选择、赋权与自由的修辞也被普遍应用在整个数字电视业中，用以宣传不断变化的服务和新的观看形式。这种修辞显然具有象征意义，在这则特定宣传片中尤甚。例如，我们可能会注意到片中隐含的技术性别化，即女性观众和静态的模拟电视相关联（在观看柏林墙倒塌的办公室三人组中，涂着红色口红、身着红色套装的金发女性在昏暗的画面中尤为显眼），而男性"互联网电视用户"则是数字时代享受自由的观看者。虽然我会在本书第四章讨论（特别是与 BBC 有关的）机构性怀

---

① 这段音乐取自电视剧《朽木》（*Deadwood*）（HBO，2004—2006 年）的配乐。

旧的形式，但在这里，我们还必须持续关注电视记忆的机构性话语发挥的作用，因为该宣传片的目的正是强调 BBC 提供新闻的连续性，以及它对作为公民的观众的影响力和价值传递。BBC 的新闻服务所强调的传统与延续性，也缓和了数字实践的断裂，而非使之加剧。

　　尽管 BBC 自诩至少半个世纪以来的电视新闻报道出类拔萃，既对观众影响深远，也与观众的生活紧密交织，但在这个例子中，BBC 采用了也许是最流行和最普遍的电视记忆论述之一，即如蒂姆·奥沙利文（Tim O'Sullivan）所言，　14　强调电视的作用是一种强大的"象征性、自传性与代际性参照物"（1998：202）。"当……时，您在哪里？"或者更具体而言，"当您观看……时，您在哪里？"这个问题突出了电视记忆中观看地点与观看语境的重要性；在重思电视和记忆的复杂性及其与时间多种记录的关系时，这个问题也让我们重新认识日常、家庭、仪式和惯例在其中的重要性。我无意再现人们熟悉的线性"V"字形周期的二元对立（Felski，参见 Radstone，2007：11），而是想提醒注意电视体验的形式。这些形式虽然广受关注，却很少引起关于记忆的概念性思考。因此，我想以这个问题里提到的"哪里"为切入点，通过"镜子与倒影"这一主题，研究电视文本与语境之间各种引发回忆的相互作用，进而思考电视与家庭空间的关系。

倒影：记忆、日常与家庭

杜鲁门·卡波特（Truman Capote）在短篇小说集《给变色龙听的音乐》（*Music for Chameleons*）中，描述了叙述者的视线如何被一面黑色镜子的磁力吸引："我的眼睛心不在焉地注视着它——被它所吸引，违背了我的意愿，就像有时被不受控制的电视机无意识的闪烁画面所吸引一样。它有一种轻浮的力量。"（2000［1980］：7）阿尔诺·迈莱（Arnaud Maillet）在他的书中梳理了黑镜的历史及其被艺术家、魔术师与科学家使用的情况，以及它在西方思想与文化中的地位（2004）。① 此处的镜子能捕捉和扭曲视线，也能反射各种诸如幻象、暗影和幽灵的可能性，因而成为产生怀疑、恐惧和迷恋的焦虑来源。近期，艺术家兼学者斯维特兰娜·博伊姆（Svetlana Boym）的"怀旧技术"项目展示了一组摄影作品，将笔记本电脑、黑莓手机等数码设备的反光表面称为"忧郁的黑镜"。② 她乘火车旅行时，观察到黑莓手机屏幕的阴影和倒影之间相互作用，并对此进行了回忆性的描述，借此勾勒过去与现在、虚拟与现实、现代与非现代

---

① 黑镜最有名的例子之一是大英博物馆展出的一面由磨光的黑曜石做成的圆镜，约翰·迪（John Dee）博士用它来占卜。迈莱在讲述黑镜的历史时，重点介绍了被称为"黑凸镜"的黑色小镜子，也被称为"克劳德玻璃"，在 18 世纪被用作光学设备。

② 摘自博伊姆（Boym）的短文《黑镜，或技术情色》（"The Black Mirror, or Technoerrotics"），该文和本图片集一同展示。见 http://www.svetlanaboym.com/mirrors.html（2011 年 1 月 11 日访问）。

之间的一系列张力与关联。① 静止的手机黑色屏幕映照出火车窗外一片破败的后工业景观，于是她写道："我的黑莓手机不再是诱人的数字果实，它的第二次生命是一面忧郁的黑镜，让我们清楚地看到正在衰落的非虚拟世界。"

　　让我们回到卡波特将黑镜与电视联系在一起的话题。卡 15 波特将镜子所产生的自我催眠形式比喻成未调试好的电视机闪烁的荧屏，而这种无论是以前或者当下的电视屏幕都具有的反射性表面，正是我想要探讨的关注点。电视一直被视作"世界之窗"或一面镜子，它展示社会，反映观众生活，因此在我看来，将电视看成"黑镜"尤其能唤起回忆。它首先让人想起阴极射线管电视闪亮的烟灰色玻璃，以及液晶和等离子电视屏幕的黑色光泽。前者的弧形凸面屏幕映射出观众和所处环境的扭曲黑影，而后者虽然反光性较弱，但能产生一种阴影被屏幕吸收的效果。②

----

　　①　在另一篇短文《怀旧的技术：非现代宣言》（"Nostalgic Technology：Notes for an Off-modern Manifesto"）中，博伊姆描述了她对"非现代"的运用："在当前的媒体时代，'前卫'和'后卫'的前缀同样显得过时或不相关。对于'跨'的错觉也是如此。但这并不意味着人们应该拼命融入其中。还有另一种选择：不是脱离，而是游离。就像不在舞台上，不在调子上，不在节奏上，偶尔也不在色彩上。**个体不必像兰波曾经梦想的那样'绝对现代'，而是非现代。**就像在国际象棋中，马横向移动，可以迂回进入现代项目中寻找一些尚未开发的潜力。"见 http://www.svetlanaboym.com/ manifesto. htm（2011 年 1 月 11 日访问）。

　　②　尽管这些当代的屏幕缺少反射，可能看起来与这个论点相矛盾，但迈莱（Maillet）在他的叙述中，描述了"黑镜"的其他可能形式，其中包括魔术师所使用的"由被碳笔或煤炭烧黑的纸，由纯黑色毛料制成的圆镜，或者由表面被蜡烛的火焰轻微烧焦的木头制成的圆镜"。它既不反光，也不明亮，"黑色足以捕获并固定目光，从而使'事物'显现"（2004：59）。

　　与博伊姆的媒介艺术中"诱人的数字果实"的新颖性和流动性不同，电视是一种更古老、人们更熟悉和更普通的技术；同时，电视作为物品、实践和文化形式，也是一种充满怀旧气息的技术。就其最直接的含义和词源而言，怀旧首先与"家"的概念有关。我将在第四章中更详细地探讨怀旧与电视之间的关系，但在此，我借鉴的正是这个词关于家的含义。温迪·惠勒（Wendy Wheeler）在研究中将怀旧描绘为一种"身临其境"的渴望（1994），这种渴望与电视在家庭空间中的嵌入性，与电视及其记忆在我们的个体历史中扮演的角色，以及与电视所反映的个体历史都产生了共鸣。正因为记忆是在日常模式中长期形成的一种体验，我想借助以上这些思考来考察电视与记忆的关系。在这里，电视作为一种重要的体验被铭记和感受，它可以照亮自我与家庭的历史与记忆。黑镜和电视屏幕中的倒影都无法摆脱记忆的残存，它们既引发记忆，也回顾了过去。

　　在镜中，自我是有距离的，它熟悉又陌生，近在咫尺又远在天涯。博伊姆就写道，黑镜"锐化了视角，不是框定现实的幻象，而是疏远了感知本身……黑镜提供了一种不同的模仿，一种不可思议、反自恋的自我映像形式"。如乔·莫兰（Joe Moran）在谈到某些记忆类型时所言，倒影并不是完全陌生或者不熟悉的，它具有"将日常非自然化并使其变得肉眼可见"的潜力（2004：57）。就像无意识记忆体验一样，在电视屏幕上捕捉到自己的倒影也会导致一种共鸣；倒影的闪烁和认知的障碍，揭示了电视体验在"逃离

16

和回归日常"之间的摇摆模式（Lury，2007：373）。

有鉴于此，我想继续探讨一系列可被称为"倒影"的例子，通过镜子反射的主题，突出观看文本和观看语境之间的关系。这些案例中的每个作品都是对电视和观众关系的反思，也都呈现了一段电视观看的记忆。这些例子包括英国情景喜剧《罗伊尔一家》（*The Royle Family*）（BBC，1998 年起）、英国艺术家吉莉安·威灵（Gillian Wearing）2006 年的装置艺术作品《家族历史》（*Family History*），以及美国青少年电视剧《怪胎与书呆》（*Freaks and Geeks*）（NBC，1999）的一个简短场景。电视作为日常生成记忆的媒介属性，将在这些例子中展露无遗。

远在天涯：《罗伊尔一家》

尽管安娜·麦卡锡（Anna McCarthy）关于公共空间电视的著作（2003）和数字时代对于移动屏幕的兴趣（见 Dawson，2007）为作为家庭物品的电视的历史提供了重要的佐证，但电视主要被理解为一种家用媒体。通过文化史研究（见 O'Sullivan，1991；Spigel，1992b；Sconce，2000）、理论研究（见 Silverstone，1994）和质性受众研究（见 Morley，1986；Gauntlett，1999），包括对肥皂剧的受众研究（见 Hobson，1982；Ang，1985），电视与家庭和日常生活的关系已经被广泛地探讨和概念化。虽然本书的讨论和观点也见诸他处，但我想指明的是，有许多作品正是以电视环境与电视文本的相互作用为出发点，考察电视对家庭的再现。

　　林恩·斯皮格尔（Lynn Spigel）研究了美国早期的家庭情景喜剧，如《伯恩斯与艾伦秀》（*The Burns and Allen Show*）（CBS，1950—1958 年）和《我爱露西》（*I Love Lucy*）（CBS，1951—1957 年）及其对家庭生活的自我再现。随着电视进入家庭空间，电视、家庭与家人之间产生关联，而她正是将这些电视节目置于此种关系的公共讨论之中。斯皮格尔认为，就像黑镜的扭曲倒影一样，这些节目并没有模仿性地再现观众的家庭生活，而是作为"家庭剧场"中电视空间布局的一种延续，即将家庭作为"一种戏剧舞台，从而勾勒出高度抽象的家庭身份"（1992a：19）。在其他类型的电视作品中，文本与语境的关联也得到了富有想象力的探索，例如艾丽斯·克莱内克－贝茨（Iris Kleinecke-Bates）对《福赛特世家》（*The Forsyte Saga*）（BBC 2，1967 年；ITV，2002 年）中的家庭细节以及海伦·惠特利（Helen Wheatley）对哥特式电视作品的考察。在提到苏珊·斯图尔特（Susan Stewart）的"玩偶之家"概念时，克莱内克－贝茨写道："在电视上观看年代剧是一种内在的练习，在自己家中的私密空间里观看的是另一个家庭的缩影"（2006：155）。惠特利的分析则基于对哥特式电视文本与接受语境之间自我指涉关系的理解，她认为观众"被反复提醒，这种恐怖/惊悚类的电视剧情正是在一种家庭的场域里发生和被观看的"（2006：7）。

　　可以说，在关于电视媒介特殊性的论述中，文本与语境之间的这种表征关系成为电视的标志属性。例如，格伦·克

17

里伯（Glen Creeber）对于连续剧的分析（2004）或者阿莱克西亚·斯密特（Alexia Smit）对于整形手术类节目的讨论（2010），都探讨了家庭观看的特征、亲近/亲密关系与电视影像之间的关联。在这类研究中，倒影与自我的映射是一组基本概念。

独立制片公司"无处不在"的联合创始人、BBC 第二频道的前总监简·罗特（Jane Root）曾写道，"电视的强项在于展现细腻的人际关系和跌宕起伏的家庭生活，它尤其擅长将我们日常生活的细节投射给我们"（1990：47）。由克雷格·卡什（Craig Cash）和卡罗琳·艾亨（Caroline Aherne）编剧并主演的《罗伊尔一家》（*The Royle Family*）似乎是罗特观点的完美例证。这部在 20 世纪 90 年代末广受好评和喜爱的连续剧打破了英国情景喜剧的传统。这部喜剧以曼彻斯特的一个客厅为背景，以观察的方式捕捉到了这个普通工人家庭的平凡现实。虽然场景偶尔也会转到厨房，但整部剧很少脱离客厅的空间，剧中家庭的中心就是电视。①这家人生活的动态，包括其性别和代际的权力网络，都在观看的空间中得以呈现：小儿子安东尼（拉尔夫·利特尔［Ralf Little］饰）总是被迫去泡茶，身为父亲的吉姆（瑞奇·汤林森［Ricky Tomlinson］饰）则会和奶奶（丽兹·史密斯［Liz Smith］饰）争抢遥控器。可以说，家庭与电视的

---

①　在近期的圣诞特辑"新沙发"（2008 年）和"金蛋杯"（2009 年）中可以看到罗伊尔家的客厅被换成了丹尼斯和戴夫的房子，戴夫的父母也来过圣诞节，他们在"普雷斯塔廷明珠"的大篷车里度过了一个拥挤而又充满争吵的假期。

关系是这部剧关注的核心①，这在贯穿了三部原版和四个衍生特辑的片头场景中一览无遗。这个片段始于打开电视，电视机的屏光一闪，吉姆·罗伊尔坐回扶手椅的身影便浮现出来。家庭其他成员的介绍和出场则通过他们观看电视的一系列瞬间来实现：吉姆和安东尼被他们正在看的节目逗得哈哈大笑，丹妮丝（卡罗琳·艾亨［Caroline Aherne］饰）和芭芭拉（苏·乔斯顿［Sue Johnston］饰）一边抽着烟，一边翻看电视节目单。此处的镜头是从电视内部的有利位置来观察这家人，冷蓝色的滤镜和闪烁的接收信号则标明了屏幕的边界。这组镜头设置了一系列复杂的反射，观众和罗伊尔一家都看向电视，同时又都从电视内往外看。这个片段的最后画面呈现了一个家庭的合影——这家人定格在电视屏幕反射出的朦胧光线里，也迷失在电视的魅力和吸引中（见图1.3）。

---

① 卡伦·卢瑞（Karen Lury）在《解读电视》（*Interpreting Television*）中对此进行了更深入的分析（2005：157–161）。

图 1.3　电视的戏中戏：一连串从屏幕向内和向外的倒影，

《罗伊尔一家》片头场景

（BBC 格拉纳达电视台，1998 年起）

这种对于主体位置的妙用揭示了这部剧对电视认同与参与的形式。可以说，正是观众对罗伊尔一家日常生活的代入，以及对电视观看重要性的认同，构成了这部剧最大的吸引力。《罗伊尔一家》不仅将电视置于日常生活中，还把它视为日常记忆的生成体系的组成部分：一家人的争吵、欢笑、平淡、庆祝和悲伤都在观看过程中一一呈现。

2006 年，这部剧回归荧幕并上映了特辑《罗伊尔一家：希巴女王》时，斯图尔特·麦考尼（Stuart Maconie）在《广播时报》（*Radio Times*）中写道："这是他们（艾亨和卡什）在屏幕上的童年，对许多人而言，这也是**我们的**童年。"所言极是，正如彼得·凯（Peter Kay）的评论，"你差点以为他们一定有你自己家庭之夜的录像带"（2006：18）。这部剧唤起 19 了很多人对自己家庭场景和观看电视的回忆，2006 年的特辑又唤醒了观看原版系列的记忆。英国电视业的格局也在此期间发生了翻天覆地的变化，包括对罗伊尔一家子而言：现在，全家人看的是一个巨大的等离子电视屏幕；丹妮丝讲述观看Sky＋电视的经历，引起家人的关注和惊叹。尽管有了这些新技术和实践，但就像海伦·伍德（Helen Wood）和丽莎·泰勒（Lisa Taylor）在反对新媒介技术决定论时所论述的，对于罗伊尔一家来说，电视"持久而稳定地存在于日常生活的结构之中，一如往昔"（2008：14）。而在该剧的"金蛋杯"特辑中，全家人经常七嘴八舌地哼唱BBC晚间杂志式节目《第一秀》（*The One Show*）（2006年起）的主题音乐，这也凸显了这家人对电视始终保有深厚感情。

《罗伊尔一家》剧情也涉及变化和转型，但家庭与电视的恒久稳定性，给予家人们支柱与力量。虽然有些东西变了，但有些没变，每一次，我们都还会回到片头的最后，回到那张保存下来的家庭合影。画面边缘逐渐淡出、变黑，显现出前液晶玻璃电视的屏幕曲线，模拟信号的接收灯闪烁，唤起了一种"过往"之感。这时，倒影变成一种对来时的回看，不仅回首我们曾经的样子，也回望我们曾经观看的方式。

模拟之家：《家庭历史》

从《罗伊尔一家》带来"全面感官体验"的家（Lury，2005：161），到日间电视演播室里摆放的宜家家具，各类电视节目和类型都采用了一种"模拟之家"的表现形式。吉莉安·威灵（Gillian Wearing）2006年的装置作品《家庭历史》（*Family History*）探讨的正是电视对家庭的再现与其所处的家庭环境之间的关系。[①]

约翰·G. 汉哈特（John G. Hanhardt）在研究白南准（Nam June Paik）和沃尔夫·沃斯泰尔（Wolf Vostell）于 20 世纪 60 年代美国语境下创作的艺术作品时指出，他们的作品"深刻地揭示了电视的本质，不是将其作为一种被发现的物品而再语境化为艺术品，而是将其视为一种打破权威的符号"（1990：113）。这些艺术家为我们展示了早期的范例，他们在力图将电视去语境化和陌生化的同时，对商业电视进行评注与批判。继汉哈特之后，大卫·莫利（David Morley）也认为这些解构性的作品为研究者提供了一种以另类方式观看电视的途径（2007：282），而这正是像黑镜一样"疏远感知"的替代方式。

《家庭历史》可以被视为与这一类早期作品相关联的作品。它同样也涉及对电视的陌生化处理，但它是通过艺术家对 20 世纪 70 年代先锋真人秀电视剧《家庭》（*The Family*）（BBC，1974 年）的回忆，调查艺术家与电视之间的自传性联结实现这点的。[②]《家庭历史》是一个多层次、雄心勃勃的作品，不仅延续了威灵对电视真人秀和西方忏悔文化的兴

20

[①] 这是"电影视屏伞"公司、"阅读中的城市艺术家"（英国）和伯明翰的圣像画廊（英国）的合作项目。

[②] 保罗·沃森（Paul Watson）制作的 12 集观察纪录片以同类剧集《美国家庭》（*An American Family*）（PBS，1973 年）为蓝本。最近，英国第四频道在拍摄对象的家中安装了 24 小时的监控摄像机，重新采用了这一形式（《家庭》（*The Family*），英国第四频道，2008 年起）。

趣（这点体现在其知名作品《在视频中坦白一切。别担心，你会被乔装起来。感兴趣吗？请致电吉莉安……》［*Confess All On Video. Don't Worry, You Will Be In Disguise. Intrigued? Call Gillian...*］，1994年），也延续了她对家和历史的关注（参见其摄影系列《相册》［*Album*］，2003年，其中威灵重现了六位家庭成员的照片或肖像，并用充满细节的面具替代每位亲属的表情）。

《家庭历史》并没有在传统的画廊展出，而是被布置在雷丁和伯明翰的两个"展示之家"——展出地点的意义是作品本身的一部分，是作者对自身"起源地"的"重访"（博德、沃尔文和沃特金斯［Bode, Walwin and Watkins］，2007年）。威灵20世纪70年代在伯明翰长大，而《家庭》的主角正是雷丁的威尔金斯一家。此外，展示的样板房有刻意选择的布局，与威灵家的客厅和威尔金斯家在20世纪70年代的氛围形成了鲜明对比。样板房的空间冰冷整洁，色调中性，设计简约，让观众注意到家庭和家居设计理念的变化：从威灵家和威尔金斯家所在的杂乱无章、色彩斑斓的郊区住宅，转为在市中心公寓梦寐以求的生活形态。

这一装置作品的本身有两个屏幕，分别位于这间空荡荡公寓的不同房间内。在第一个房间里，墙上挂着一个小型液晶电视，屏幕上播放的影片里，一个深棕色长发、身着70年代红色连衣裙的年轻女孩正在观看《家庭》剧集。这个女孩无疑代表了成年威灵，她身着艺术家童年时的衣服，在其旧家客厅的模型里看电视。70年代的木质电视柜里，摆放着一辆玩具卡车、一个玻璃碗和两张威灵跟姐姐的照片；鲑粉色的窗帘发出光泽，窗前的桌子上摆着一碗水果和一个烟灰缸。这种复刻空间和服装的"真实性"得到了威灵家原版照片的证实，在该作品的相关书籍中可以看到。而回到屏幕上，我们看到女孩正在全神贯注观看《家庭》，随后她转过身，对着镜头发表了自己对节目的看法。

在第二个更大的屏幕上，播放着一段希瑟·威尔金斯（Heather Wilkins）的长篇访谈，她曾是威尔金斯家族里的少女，现在已经长大成人，还有了自己的孩子。在灯火通明的电视演播室里，她接受了资深脱口秀主持人特里莎·戈达德（Tricia Goddard）的采访。这段访谈的风格传统，由专业的戈达德和媒体经验丰富的希瑟共同完成。她主要谈到了拍摄《家庭》的经历、公众对该剧的接受程度以及拍剧之后的生活，访谈中还穿插了原版剧集的片段，希瑟也一一重温和回应了这些片段。

在采访的最后，威灵精心策划了她自己的"解密"：镜头从舒适的电视演播室往后移，不仅揭示了演播室布景的"构造"、灯光设备和薄薄的纤维板墙壁，同时也展示出，其实这个装置作品的两个组成部分，即家和演播室这两个客厅，是并排建造的。这种近距离的揭示远不止是布莱希特式的噱头，它的作用更在于昭示和彰显电视在营造亲近感和亲密度方面的多样性。

来自"影视伞"公司的史蒂文·博德（Steven Bode）在关于威灵的装置作品的书中写道：

　　这是一个电视孩子给另一个电视孩子的肖像画；一个与电视一起成长的艺术家深情而敏锐地描绘了另一个在很大程度上依靠电视成长起来的女人。这个作品将传记和自传融为一体，它对电视语言的使用不为挪用，也非为了重构或解构，而是将其作为艺术家和创作对象都熟悉的一种共同的地方语言。事实上，这也是一种我们都熟悉的语言，一种在现在比20世纪70年代更加真实的语言——一种日常语言。（2007）

　　电视真人秀和脱口秀的"语言"是威灵在其作品中主要采用的电视表现形式，特别是，它评论并回应了艺术家本人对电视真人秀的迷恋（威灵为宣传该装置作品进行的访谈核心内容即对电视真人秀的探讨）。不过，对此我感兴趣的是，关于电视的**记忆**如何成为一种"共同的地方语言"和一种"日常语言"。

　　类似于《罗伊尔一家》的片头，这个装置作品揭示的布景结构也突出了一种倒影的模式：通过模拟相邻"布景"的过去/现在（一个是重建，另一个是回顾），这个作品考察的是电视在不同客厅中制造记忆的过程。

　　林恩·斯皮格尔（Lynn Spigel）和蒂姆·奥沙利文（Tim O'Sullivan）的文化史著作研究了战后电视进入家庭的情况，认为电视是一种新技术，也是现代性的标志。就像威灵和她的同辈一样，战后的几代人都是看着电视长大的。对于看模拟信号电视的孩子来说，电视是他们熟悉的物品，也

22

是日常生活的调剂。这几代人对电视的态度差异非常显著，却大多未得到充分研究（卡伦·卢瑞［Karen Lury］出版于 2001 年的《英国青少年电视》（*British Youth Television*）是一个值得欢迎和有启发的例外）。此外，我们也需要关注不同代的电视节目制作人、评论家和学者的存在与差异。

在看电视中长大：《怪胎与书呆》

在著名美剧《怪胎与书呆》（*Freaks and Geeks*）的"死狗与体育老师"一集中，有这样一个片段：在体育课上经历了一次丢脸之后，身材瘦长、戴着眼镜的可爱书呆子比尔·哈弗查克（马丁·斯塔尔［Martin Starr］饰）回到家中，给自己做了一个烤奶酪三明治，然后坐在电视机前。剧中以谁人乐队（The Who）的《我孤身一人》（*I'm One*）为背景音乐，我们可以看到，比尔正在观看狄娜·肖尔（Dinah Shore）脱口秀节目（《狄娜!》［*Dinah!*］，CBS，1974—1980 年）里的盖瑞·山德林（Garry Shandling）在一个私密的场景里讲笑话。这个片段与音乐同步切入，在副歌部分时来回切换比尔和电视画面，逐渐拉近比尔大笑的面容和山德林回眸一笑的电视画面。这种特写镜头的移动和镜像营造出一种人物与电视互动的氛围，当盖瑞向演播室的观众举杯时，比尔也向电视里的盖瑞举起了他的牛奶杯（见图 1.4）。

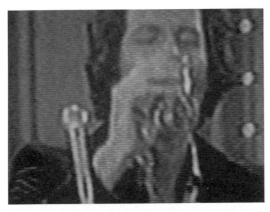

图1.4　《怪胎与书呆》第14集"死狗与体育老师"片段，盖瑞·山德林和比尔·哈弗查克在课后共饮①

（贾德·阿帕图导演，阿帕图制作公司、梦工厂SKG制片，1999年）

该片段让人联想到比尔这个角色与电视的私人关联，而这正是其课余生活的组成部分。在《老男孩》中，电视是冷酷的情人，而在《怪胎与书呆》里，这种关系则是一种

---

① 为提供更好的阅读体验，部分插图的位置较原著有改动。——译者注

温暖的友情，是远离成长过程中敌意的安全舒适区。斯塔尔的表演里有一个细节让人动容，他用手微妙地向屏幕比画了一下，又指着自己，仿佛在说"我也是!"借此表达他对电视里盖瑞的亲近与认同。

在这部讲述青春期考验的电视剧中，电视联结起角色之间的友谊（"怪胎"之间主要通过音乐建立友谊，"书呆"之间则通过电影、电视和喜剧），也在文化参照中起到作用。即便剧中的这种参照具有代际特征，但在日常生活和对话里，相关的应用经验却是跨代际的。这个带有怀旧色彩的片段展现了其创作者的电视记忆的一部分。

这部剧以 20 世纪 80 年代底特律郊区的一所高中为背景，23 改编自两位编剧，即该剧的主创保罗·费格（Paul Feig）与联合制片人贾德·阿帕图（Judd Apatow）的青少年经历。在一次采访中，阿帕图提到了这一片段，并评论说："这是我小时候每天下午都会做的事"。（见 Goodwin，2007）而这个片段的亲密时刻，正反映了比尔与电视的关系是一种潜在的共有经历。对于这个亲密时刻，最让我感兴趣的是电视体验的 24 再现，以及这种再现是如何通过记忆的滤镜被筛选出来的。这种记忆是与电视相伴成长的记忆，一种日常和仪式的记忆，也是关于盖瑞·山德林在电视上讲笑话的记忆。

季节、光线、记忆与魔法

大卫·卡迪夫（David Cardiff）和帕迪·斯坎内尔

（Paddy Scannell）在论述 20 世纪英国社会和文化与 BBC 的关系时曾指出，"没有什么比'日历作用'更能说明广播电视公司的了，BBC 用不显眼的方式将自身建构为国家文化的代理人，以年复一年、周期性的再制作，展示了每一年当中的节日、仪式和庆祝活动是如何有序、规律展开的"（1987：160）。这些事件的播出"不仅在'历史'的公共日历上，也在人们生活的私人日程表留下了印记"（1996：91）。纪念与周年庆典是一年当中重要的仪式，用托比亚斯·埃布雷希特（Tobias Ebbrecht）的话说，日历更是委托和制作"历史性事件电视"的决定性因素（2007a，2007b）。然而，我无意对媒体事件在电视记忆理解中的主导地位进行再讨论，在此，我感兴趣的是上文提及的"人们生活的私人日程表"。我想思考的是，在日常生活和家庭空间的语境下，电视在其中被呈现的动态过程，是如何提供了一种不同以往的、额外的电视记忆概念。

杰罗姆·波登（Jerome Bourdon）在其对法国观众的电视记忆研究中，描述了一类他称为"壁纸记忆"的习惯性或常规记忆。[①] 这是一种有用的分类，但在某种程度上，这种认为媒介在记忆场景中仅仅起到"壁纸"作用的观点，遮蔽了电视在日常和记忆建构中的重要性。对我而言，在我

---

① 波登的电视记忆类型学的其余三个类别都是关于具体的、不连续的事件。"媒体事件和闪光灯记忆与实际观看的记忆有关，涉及新闻或时事类节目。第四类是近距离接触，包括与观看没有直接关系的事件记忆，涉及观众和电视人物之间'现实生活'的互动"（Bourdon，2003：13）。

的记忆中，电视却是记忆场景和感官印象之网不可分割的一部分。正是这些感官印象塑造了我们在特定社会的家庭空间里的生命经验。电视之于我，是被记住的感官体验，尤其是对光线的记忆。电视这种存在于内部与外部、形式层次与光线模式之间复杂而有力的关系，有助于我们描述在感性体验之下的记忆形成特点。

在观看空间里，自然光和人造光的各类设置，在某种意 25 义上象征着不同形式的电视所提供的多种互动形式。拉上窗帘、关灯，可能被视为要在家里重现影院的观影环境，以便观赏电影或者专注于有较高叙事要求的电视剧集，例如《火线》（*The Wire*）（HBO，2002—2008 年），或者展现自然历史奇观的《地球脉动》（*Planet Earth*）（BBC，2006年）。尽管这类观影环境可能有些陈词滥调，但不同的环境的确令人联想到不同的参与形式。埃利斯（Ellis）早期的"浏览理论"（1982）就是基于考察繁忙喧嚣的日常家庭生活与工作中的观看环境而产生的。不同的观看环境也能带动感官氛围和情绪，将电视的记忆保存并定格其中：或是阳光明媚的日子里，打开窗户，拉上窗帘，室内看电视带来的放纵感和负罪感，窗外夏天的声音和电视节目互相竞赛，光线透过不遮光的窗帘落在屏幕上让人心生烦躁；抑或在漆黑的夜晚看着电视，窗帘拉开，暖气开着，窗户上的冷凝水雾气缭绕，让人不禁注意到窗外的严寒。以下则是我个人记忆中的观看环境：我记得小时候躺在电视机前的深绒绿色地毯上看音乐录像；也记得从天窗洒下的一片阳光给我带来温暖，而我当时正在观看和收听阿哈乐队（a-ha）的歌曲《电视里的阳光永远灿烂》（"The Sun Always Shines on TV"）；还记得冬天的傍晚，窗外漆黑，雾气弥漫，我穿着皱巴巴的校服，BBC 第二频道下午茶时间在播放《星际旅行》（*Star Trek*）（NBC，1966—1969 年），那奇幻的声音和色彩弥漫整个房间。这些都并非对于节目细节的记忆（我后来看过很多次音乐录影，但我从未真正看过《星际旅行》），也并非纯粹的对于观看环境的记忆，而是观看内容与环境二者之间的相互作用，也是光线、质地、色彩、声音和温度的相互作用留下的感官印象。这些印象尚未完全形成记忆，它们更多是碎片化的，其体验不像观看媒体事件时的"闪光灯"，而更像是老式模拟信号的"闪烁"。这些"闪烁"并不重要，未曾改变生活或者具有纪念意义（尽管不可否认它们带有怀旧色彩），但它们来源于全年当中随着季节与光线变化而不断变化的观看电视的体验和记忆，使我们固定的观看环境充满了变幻之美。①

26　　家庭环境虽然不是唯一具有这种特征的地点，但它可以产生一种空间与反射的系统和层次，无论是室内还是室外，电视屏幕都被纳入其中。这在夜间最为明显：黑夜里，室内的场景往往经窗户反射回来，使得室内外的景致合二为一。在往返于家和郊区的旅途中，从室外看，电视就像一排排住

---

① 这些记忆是在英国语境下得出的，不同的气候和环境会产生其他的观看条件和其他的记忆模式和片段。

宅中向外发光的方块；而从公交车或者汽车的车窗看，则是车内自己的倒影。① 这些倒影和视野的重叠提示我们关注家和外部世界的关系，但它们并不一定会在二者之间做出二元划分，即家庭提供安全和庇护，外部世界充满威胁和敌意。恰恰相反，这些倒影的动态向人们揭示了一段与之相关的漫长的矛盾历程，其间穿透出和暴露了各种形式的异化、恐惧和焦虑。

镜子背后：接近与疏离

在道格拉斯·塞克（Douglas Sirk）导演的家庭剧情电影《深锁春光一院愁》（*All That Heaven Allows*）（1955 年）中，凯莉（简·怀曼［Jane Wyman］饰）为了孩子们放弃了自己的爱人兼园丁罗恩（罗克·赫德森［Rock Hudson］饰），但当她的孩子们随后宣布要离开家时，为了不使母亲孤单一人，他们送给她一台电视机（尽管她此前一直拒绝购买）。这台电视机似乎是一个强制而又微不足道的替代品，用以填补罗恩和孩子们未能陪伴的缺失，而销售员热情洋溢的推销，在影片对电视机的呈现之下则略显讽刺：

> 您只需要转动旋钮，就能在电视屏幕上获得您想要的任何陪伴。戏剧、喜剧……生活巡游，尽在指尖。

---

① 这一讨论要感谢卡伦·卢瑞，她与我分享了这类现象的类似经历。

这推销式的承诺被片中哀伤的配乐和缓慢放大的电视屏幕削弱，镜头最后定格在凯莉焦虑且忧伤的沉思画面。她双手握紧，眉头紧锁，惊恐地回望着被囚禁在屏幕中的自己（见图1.5）。不同于导演塞克在片中大量使用的色彩和装饰布景的缎带的鲜红色，在此处的电视屏幕界面内，一个电影画面内嵌着另一个画面，图像即便依旧清晰，但色调已然变暗、枯竭。屏幕犹如一面黑色镜子，让人感到陌生和疏离，上面倒映出的影像离奇神秘，令人魂牵梦萦。这是电影对电视危险性的警示。在这个例子中，电视这个新媒介将它的观众困在了一种鬼魅般的存在之中。

27

"怀旧"的词源将我们引向家的意义，对"离奇"的理解亦是如此。弗洛伊德从德语词汇"unheimlich"（译为"不像家的"）出发，将离奇描述为"令人恐惧的类别，它能让人回到过去已知、熟悉的事物中去"（Freud，1990：340）。这个概念凸显了电视在家庭环境中所引发的一系列其他反应。它让人联想到私人与公共、内部与外部的融合带来的潜在威胁，也表达了一种接近与疏离的动态关系，这其中包括对自我的认知与疏远。

图 1.5 被囚禁于电视中：《深锁春光一院愁》里的简·怀曼

（道格拉斯·塞克导演，环球影业制片，美国，1955 年）

杰弗里·斯康斯（Jeffrey Sconce）的研究将电视视为"闹鬼的装置"，探讨了电视对家庭空间的离奇性展演。他观察到，"存在一种令人不安的想法，那就是，就像我们可以通过电视注视其他世界一样，这些其他的世界也可能正在反过来窥探我们自己的客厅"（2000：144）。通过他的研究，浮现在我们面前的不仅是电视信号对家庭的潜在侵扰，还有一种观念，即把电视屏幕当作一个神奇的表面和一个能够连接不同世界的通道——无论是私人的与公共的世界，还是家庭的与超自然的世界。再让我们回到并继续电视与"黑镜"关系的话题，这种对电视的想象暗示了镜面背后的潜在空间，让人回想"黑镜引发的恐怖……毕竟如果一个人经常召唤恶魔，那么它们就肯定会来"（Maillet，2004：51）。在继《吵闹鬼》（*Poltergeist*）（导演：托比·霍珀［Tobe Hooper］，美国，1982 年）、《灵异守夜》（*Ghostwatch*） 28

（BBC，1992 年）等电影和电视剧之后，无论是在日本的恐怖电影《午夜凶铃》（*Ringu*）（导演：中田秀夫［Hideo Nakata］，1998 年），还是后来翻拍自该片的《午夜凶铃（美版）》（*The Ring*）（导演：戈尔·维宾斯基［Gore Verbinski］，美国，2002 年）当中，电视都再次成为恐怖的场所。这种对电视侵入现实世界的恐惧，在贞子/萨马拉的超自然移动中得以具象化。她们的复仇之魂从颗粒状、闪烁着的录像带画面，穿透电视屏幕来到现实，而那些看过受诅咒的 VHS 录像带、被鬼魂侵扰的观众，最终为自己招来了可怕的死亡（见图 1.6）。

图 1.6　电视作为恐怖与闹鬼的场所：《午夜凶铃》

（中田秀夫导演，日本，1998 年）

显然，电视和视频技术为人们提供了一种对恐怖进行自我反思的形式，其在家庭环境中扮演的亲密角色、家庭和家人都被恐怖剧情戏弄。但这种戏弄并未忽视这些家庭空间在现实中是潜在的暴力和创伤**地点**，同时也是暴力和创伤画面的**见证者**。对这一问题的分析会把我带入另一个不同的研究方向，下一章将结合电视连续剧中的倒影和回归模式，更为详细地探讨作为一个"闹鬼的"空间的家庭——这个空间也回荡着失落、渴望和对缺失的家人与朋友的更温和的幻象。记忆的回响在此被想象为一种鬼魂萦绕的形式，它使我们重新审视电视作为一种日常体系的组成部分，以此来制造和生成记忆。而借助对观看环境与电视屏幕的思考，电视不再是一个"电子无处不在"（Sconce，2000：17）的后现代标志，而是作为一种存在和与之相伴的生活，为人们所铭记与体悟。

电视圣坛

在昂迪娜·法切尔·莱尔（Ondina Fachel Leal）关于电视在巴西家庭中所处的位置和空间的讨论中，她分析了一个特定家庭摆设所展示的电视环境，或者说，电视圣坛。在这个例子里，电视环境里的物品，包括塑料花、宗教画、仿金花瓶和家庭照片，都是"一套连贯整体中互相关联的部件"（1990：21），构成了一个揭示阶级、品位和身份的符号系统。电视机的象征意义是这整套展示的基石——它是一件值得骄傲的物品、一种文化资本，被摆放在一个显眼的位置，

29

街上的路人都能看得到。莱尔认为，"电视物体在此成了一种拜物教，因为它被注入了一种虚无缥缈的神圣意义……即便是在电视关闭和无人观看的情况下也是如此"（1990：24）。在本章的最后，我想以本书所分析的两个电视片段作为结尾。这两个例子展示了两个家庭中的电视圣坛，以及它们所具有的象征意义和纪念功能。

在《客从何处来》（*Who Do You Think You Are?*）① 第 1 季关于大卫·巴蒂尔（David Baddiel）那一集的开头，这位喜剧演员邀请摄像组进入他的家中，向制作人和观众介绍他的外祖父恩斯特·法比安（Ernst Fabian）的两张照片。第一张照片里是外祖父向学生时代的巴蒂尔和他的兄弟们念一段故事。第二张是恩斯特和他的妻子奥蒂摄于 20 世纪 30 年代的照片。这是一张巴蒂尔的犹太外祖父母尚属"幸福"的画面，直到他们不得不在 1939 年逃离德国。这些照片都用相框装裱好，放在客厅中间的大理石壁炉上，是约十一幅装裱和展示的家庭照片中的两幅。壁炉上方的墙上挂着一台小型的平面电视（见图 1.7）。

---

① 第 1 季第 7 集（BBC 第二频道，2004 年 11 月 23 日）。

图 1.7　大卫·巴蒂尔的电视圣坛

（《客从何处来》，第 1 季第 7 集，BBC、"无处不在"电视制片公司，
2004 年）

这种对家庭空间和个人物品（包括电视机）的布置并不
让人感到完全陌生。在许多情况下，电视机摆放在照片和纪
念品中间，甚至成为这些物品的展示平台（在我家，电视机
周边摆放着我和父亲一起收集来的浮木、外甥的小塑料企鹅
以及我和姐姐在照相亭拍的合影）。这种摆设也可以延伸至多　30
平台观看的数字界面，例如 iPlayer 的窗口就位于数字相册和
桌面照片之上，或者与之并置。在巴蒂尔家中，摆放的照片
构成一张影像之网，空间布局里充满个人的历史与记忆，电
视是其中的组成部分。上文提及的两张照片开启了追溯的线
索，也在巴蒂尔和其对外祖父的记忆之间建立了"强烈的情
感联结"。这部家族历史纪录片对于影像等家族档案的运用，
为观众提供了一个进入和探讨历史和记忆生成实践的路径。
但同时，这一场景也证明了电视在家中的布局具有家庭性和私密性，提示在家庭的记忆网络之中观看关于个人历史与记忆的电视节目，这种观看体验会带来某些潜在的影响。

让我们回到《罗伊尔一家》，2006 年的特辑"希巴女王"一集也展示了这种相互作用以及电视作为圣坛的意义。在奶奶去世后的守灵仪式上，她的骨灰盒被摆放在罗伊尔家的"骄傲之所在"：当吉姆·罗伊尔把骨灰盒放在"我们永远会想起她的地方"——电视机顶上时，全家人爆发出热烈的掌声（见图 1.8）。在该剧 2010 年的圣诞特辑"乔的饼干"中，观众可以看到奶奶的骨灰盒与邻居玛丽（多琳·基奥［Doreen Keogh］饰）的骨灰盒相伴。在一段简短的圣诞节家庭拍照的剪辑片段里，罗伊尔一家人和他们的亲人在电视机前拍照，并摆出各种姿势和奶奶与玛丽的骨灰盒留影。对罗伊尔一家和我们许多人来说，电视构成了物质记忆网络的一部分：它既让我们想起家人，也是我们家庭的一员。

31

图 1.8　奶奶的骨灰盒被放在罗伊尔家"骄傲之所在"的电视圣坛上

（《罗伊尔一家：希巴女王》，马克·米罗导演，BBC、格拉纳达电视台制片，2006 年）

　　"每件事。每个人。每个地方。结局。"是广受好评的电视剧《六尺之下》（*Six Feet Under*）（HBO，2001—2005年）第五季也是最后一季的主题词。这是一部以洛杉矶费舍一家及其家族经营殡仪馆的生活为中心的黑色喜剧。最后一集（"每个人都在等待"，第5季第12集）大哥纳特（彼得·克劳斯［Peter Krause］饰）去世后，最小的妹妹克莱尔（劳伦·艾波罗丝［Lauren Ambrose］饰）离开了家庭和洛杉矶。虽然没有工作，但是她立志成为一名摄影师，于是离开家，朝着不确定的未知前行。在随后一段长达6分钟的精彩片段中，在女歌手希雅（Sia）的歌曲《呼吸》（*Breathe*）的伴奏下，克莱尔驾车驶向了那个未来。这个片段将克莱尔驾车的场景和费舍一家经历婚礼、庆典、死亡和葬礼的蒙太奇镜头穿插在一起，汽车驶离的背影被加速，以增强场景的"奇幻"感——这段长达6分钟的镜头跨越了整整 80 年的时间。① 此处是对未来的预言，这条漫长的道路消失在地平线上，未来的可能性就此显现出来。该剧终结时，我们也告别了驾车而去的克莱尔。

这个片段既是结局，也是开始。尽管这里给观众还留以想象情节的空间，但人物的故事线已然来到了最后时刻。创作者一方面坚持结局的不可避免性，但也重新肯定了人物生活的周期性模式。引用翁贝托·埃科（Umberto Eco）对电视剧叙事的观点来说，"这是一种生活对艺术的胜利，其矛盾的结果是，电子时代不再强调震撼、中断、新奇和期望落空等现象，而是回归连续、循环、周期与惯常"（1990：96）。

33　　　《六英尺下》颠覆了"反思性结尾"的逻辑，将结尾处的视野投向未来，而非反思过去。这里不是强调最后的蒙太奇片段指向一种前行的动力，更重要的是，它通过一系列"萦绕"，在整个系列中确立了一种运作良好的回归模式。在试播集中，费舍一家的父亲因与公共汽车相撞而丧生，于是费舍一家，尤其是纳特，其周遭经常还"萦绕"着父亲的身影。在最后一集开头，又是哥哥纳特的"幽灵"促使克莱尔在想留下的时候离开；当她开车离开家时，在后视镜

---

① 观众依次见证剧中角色露丝·费舍尔（弗兰西斯·康罗伊 [Frances Conroy] 饰）、基思·查尔斯（马修·圣·帕特里克 [Mathew St. Patrick] 饰）、大卫·费舍（迈克尔·C. 豪尔 [Michael C. Hall] 饰）、弗雷德里克·迪亚兹（弗莱迪·罗德里格兹 [Freddy Rodriguez] 饰）、布兰达·切诺维斯（瑞切尔·格里菲斯 [Rachel Griffiths] 饰）与克莱尔·费舍的死亡。

里也看到了其身影。此处镜头里出现的正是纳特，他跟随车慢慢跑着（见图 2.1）。随着汽车加速行驶，视线和运动的两条线短暂重叠后又不可避免地分开，纳特逐渐从倒影中消失。这一刻令我久久无法忘怀。虽然它让我们回到了熟悉的纳特奔跑的画面，但它只是把我们带回到一个伤感地消失在视野中的倒影。这一回归又伴随着离开，记录下一种记忆萦绕的形式和一种重新燃起的失落感。

图 2.1　《六尺之下》第 5 季第 12 集"每个人都在等待"

（艾伦·鲍尔导演，HBO、Greenblatt Janollari 工作室、Actual Size 制作公司制片，美国，2005 年）

朱利安·沃尔夫雷斯（Julian Wolfreys）在论述他所认为的叙事中的幽灵活动时指出："回归的动作并不仅仅是这样，因为幽灵只能通过它留下的痕迹来被间接感知。它在回归的同时，已经开始离开。"（2002：3）对我而言，这个描述更普遍地概括了电视"盛衰兴亡"的特征。我想结合电视剧中对记忆和倒影的表现形式，进一步探讨这一特点，并 34

就记忆在连续剧叙事设计中的作用提供一些思考。使我格外感兴趣的正是这些归来的时刻，尤其当创作者有意识地运用幽灵的创意、"余影"引发的共鸣以及重复的形式、功能与意趣。

这种回归的"时刻"① 可以是瞬时的、稍纵即逝的，是时间运动中的一瞬；也可以是重大的、感动人心的，有意义深远的影响。在这个词本身，运动和静止之间存在一种奇妙的紧张关系。这些"时刻"也应结合对电视的理解来考虑，即电视是一种连续媒体，具有持续播放但又切割分段的特征。用理查德·戴尔（Richard Dyer）的话说，电视是"系列性的神话"（2000：146），有着流动性、规律性和重复性的特点。

正如斯蒂芬·希斯（Stephen Heath）和吉莉安·斯基罗（Gillian Skirrow）在 1977 年提出的观点：

> 关于电视体验的核心事实与其说是流动性，不如说是持续播放和规律性；不合时宜的连续性也是一种不断的重复。在单个节目和一整晚的电视观看中，这些**运动**和**静止**的概念都可以一览无遗。（1977：15）

电视文本动与静的节奏、周期性与无休止性，在有关肥皂剧的研究中体现得淋漓尽致（例如可参见 Geraghty,

---

① 时刻（moment）：来自拉丁语"momentum"，指时间的运动，瞬间，移动的力量，后果，重要性（*Chambers Dictionary of Etymology*，1988：672）。

1981），近期在关于"优质"电视连续剧的研究中也再次出现这一讨论。希斯和斯基罗的论点与迈克尔·纽曼（Michael Newman）的研究互相呼应，在其关于黄金时段电视连续剧故事结构的著作中，他对"节奏"和"人物弧光"进行了分析，认为故事结构与模式由电视剧的制作语境和商业需要所决定，并贯穿所有的场景、剧集和剧季（2006）。

考虑到这种电视剧部分与整体的关系，并对剧中可见的模式和重复进行审视，我们就能发现其中的核心旨趣。这种关系和模式还致力产生各种形式的共鸣、联想到的可能性和暗含意义，从而为我们揭示研究电视与记忆关系的意义。这种关系的核心在于：电视观看体悟是一种积累，观看体验和参照随着时间的推移而逐渐增加，萦绕在我们记忆里的"余影"和"时刻"也从电视生活中积累而来。

弗兰克·克默德（Frank Kermode）在探讨文学"结尾" 35的历史与哲学著作《终结的意义》（*The Sense of an Ending*）（1967）中，引用了菲利普·拉金（Philip Larkin）的诗歌《回溯》（*Reference Back*）：

> 诚然，尽管我们的要素是时间，
> 我们却不适于在生命的每个瞬间
> 开启长远的视野。
> 它们将我们与死亡相连接。

电视正具有提供这种"长远的视野"的潜力，其回溯的方式复杂多样，我对此进行的研究贯穿本书。记忆和反思则构成电视的重复这一显著特征的关键所在。"阿多诺的批评"常被用来批判这一特点（参见 Caughie，1991），这也是与电视和记忆研究有关的创伤与疗愈论述的核心。其中，电视的"重复强迫症"和展现的"不死幽灵之舞"，使许多评论家在精神分析学意义上产生共鸣（Elsaesser，1999）。不过，在电视连续剧的形式之下，这种"有效重复的强迫性成为叙事结构的基本原则"，其依据是出于商业要求与考量（Davies，2007：28）。

马特·希尔斯（Matt Hills）对新版《神秘博士》（*Doctor Who*）（BBC，2005 年起）"时刻"的构建进行了探讨，为这一概念开辟了新的研究思路，特别是该系列中的"时刻"是如何被建构成"值得纪念"的问题，以及它们作为能够被用于宣传的影视材料，如何提升电视文本的可传播性（2008）。"值得纪念的时刻"这一概念对于怀旧电视节目的形式以及文本的重新包装和使用至关重要，我将在第四章中再次论述。但它们之所以是"值得纪念的时刻"，往往因为它们首先是被记住的时刻，或者关于记忆的时刻。我在本章中选取探讨的电视剧无疑属于这种情况。

我将列举的第一个例子是《完美的陌生人》（*Perfect Strangers*）（BBC，2001 年）。这是一部总共三集的电视剧，由英国著名作家兼导演斯蒂芬·波利亚科夫（Stephen Poliakoff）编剧和执导。波利亚科夫被誉为"记忆桂冠导演"（Freedland，2004），至少在过去十年中，他的大部分作品都以历史、记忆和怀旧为主题。在本章中，他的作品将

开启我对电视戏剧形式如何展现记忆和铭记的讨论。虽然
《完美的陌生人》只是一个由三部分构成的电视剧，但如果
关注其自身的重复和回归时刻，我们可以发现暗含的意义和　36
系列性模式是如何生成的。在此，我也将把注意力转移到长
篇电视连续剧上，即三部当代备受瞩目的美剧——《急诊
室的故事》（ER）、《实习医生格蕾》（Grey's Anatomy）与
《火线》（The Wire）。对于思考连续剧并撰写相关学术著作
的电视学者来说，存在一个熟悉的问题，即这些电视剧集约
有 400 个小时，此等体量和长度的电视节目足以引发一系列
关于时间和记忆的观察。通过对这些电视剧"时刻"的探
究，我们可以了解电视文本的广度和复杂性。为了进一步界
定研究对象，我将特别考察这些剧的开头和结尾，它们构成
了提供反思和记忆的特许空间，激发并揭示各类相关的
模式。

　　除了电视肥皂剧的"无休止"（参见 Geraghty，1981；
Allen，1985）或者《黑道家族》（The Sopranos）（HBO，
1999—2007 年）的"无结局"（参见 Polan，2009），人们很
少讨论电视剧或其他常见电视节目的结尾。在电视连续剧
中，结尾或"里程碑时刻"往往是反思和自省空间，用以
"回溯"其自身的长远视野。连续剧的累积性叙事要求观众
对角色和情节进行某种程度的投入，并给予他们一定的回
报，这种观看投入往往持续数百小时。乔纳森·格雷
（Jonathan Gray）认为，电视是一门"博大精深的艺术"，它
"能在相当长的时间内讲述经久不衰、深入人心、复杂的故

事"（2008：27）。在这些例子中，记忆可以被视为电视叙事形式的基本要求："前情提要"起到了辅助记忆的作用，而记忆的意义则通过反思的时刻得到了明确的揭示，这些时刻往往出现在周年庆典剧集，或者人物/叙事动荡或结束之时。①

从《急诊室的故事》到《火线》，再到例如《老友记》（*Friends*）（NBC，1994—2004 年）、《欢乐一家亲》（*Frasier*）（NBC，1993—2004 年）等情景喜剧，连续剧这种电视形式的结尾目的常常是产生特定的终结感（尽管被"砍掉"剧集的过早完结或不明确结尾会产生不同共鸣）。它们反映出这些电视剧自身的生命力，同时也邀请观众反思自己在其中的投入。这一点在《欢乐一家亲》中体现得淋漓尽致，尤其是主角弗莱泽在 KACL 广播中说的最后一段话。在这段标志着"一个时代的终结"的表演中，剧中角色及演员（凯尔希·格兰莫［Kelsey Grammer］饰）、虚构的广播听众和真实的电视观众之间都不再有区别："我热爱与 KACL 大家庭和你们在一起的每一分钟。十一年来，你们

---

① 例如，《吸血鬼猎人巴菲》（*Buffy the Vampire Slayer*）（WB/UPN，1997—2003 年）第 100 集的"前情提要"是对之前全部剧集的时刻/图像的加速蒙太奇，而愈显疲态的巴菲（莎拉·米歇尔·盖拉［Sarah Michelle Gellar］饰）在剧中表示，他们所面临的第 6 次世界末日感觉就像第 100 次。在《暗黑天使》（*Angel*）（WB，1999—2004 年）的第 100 集，克达莉亚·切斯（查瑞丝玛·卡朋特［Charisma Carpenter］饰）为执行最后一项任务而回归。在《绝望的主妇》（*Desperate Housewives*）（ABC，2004 年起）的第 100 集中，紫藤社区的主妇（博·布里奇斯［Beau Bridges］饰）的死亡引发了一系列倒叙以及玛丽·爱丽丝·扬（布兰达·斯特朗［Brenda Strong］饰）的回归。

一直听我说'我正听着'，而你们也在收听着我——对此我
永远心存感激。晚安，西雅图。"

　　这类反思的时刻并非电视剧集所独有，而是由一系列流
派和形式构成，从重大新闻报道和体育赛事结尾的回顾性蒙
太奇，再到《老大哥》（Big Brother）（BBC 第四频道，
2000—2010 年）和《英国偶像》（The X Factor）（ITV，
2004 年起）等电视真人秀娱乐节目中离场选手的"精彩回
顾"。克默德写道，"当我们幸存下来后，我们会为那些看
似结束的时刻留影纪念"（1967：7），而这些电视节目结尾
的蒙太奇片段同样也是用以标记和纪念的文本过程。在连
续剧的类似情形中，电视记忆通过自我引用和自我指涉的
方式被写入连续剧的叙事中。电视节目中的这类时刻，构
成人物、叙事和观众的反思工具，彰显电视在许多情况下
都因其与记忆的互动而富有意义。这些例子不仅展示了电
视剧集形式的特质，也为电视记忆和怀旧的作用比较提供
注解。

　　这一节的目的既非要找回一种电视"不朽"的感觉
（Caughie，2000：13），也不是要直接论证我所讨论的例子
在那些伟大时刻、剧集或节目中的地位，而是研究记忆
（也许更具体地说是铭记）在某些电视戏剧形式中的表现方
式，以及解答对记忆的关注何以揭示电视的运作方式。在整
个电视剧史中，记忆是一个重要的叙事和主题关注点，也指
向了电视在构建文化记忆、身份和历史中的核心作用。历史
的、国家的和公共的语境，都不可避免地影响不同故事的讲

37

述，以及记忆在其中被运用和展现的不同方式。例如，在英国电视剧历史上，从丹尼斯·波特（Dennis Potter）的《蓝色记忆山》（*Blue Remembered Hills*）（BBC 第一频道，1979年）和《歌唱神探》（*The Singing Detective*）（BBC 第一频道，1986 年）再到新近成功的《火星生活》（*Life on Mars*）和《灰飞烟灭》（*Ashes to Ashes*）（BBC 第一频道，2008—2010 年），不同的电视戏剧形式唤起了人们的记忆和怀旧感，而这些富有创造性、想象力和对比的视角又将为进一步的研究和分析提供路径。

为此，我们似乎需要考察特定剧作家的作品。例如，斯蒂芬·波利亚科夫的创作就具有显著的作者风格（参见Nelson，2006）。波利亚科夫拥有一种非同寻常的创意控制权，常常被视为一位来自英国电视剧早期时代的孤例和遗老。我将在第四章关于"黄金时代"的讨论中再回到这个充满怀旧感的人物。不过，我决定不局限于"作者""创作者"乃至"节目制作人"的创作力和影响力来展开本章的分析，而是主要考虑这些电视剧所讲述的故事及其如何唤起和运用记忆。使我感兴趣的是剧中人物的幽灵式出没和被萦绕，他们回归和离开的痕迹，以及电视剧究竟如何"讲述一个故事总要唤来幽灵，打开一个能让他者归来的空间"（Wolfreys，2002：3）。

38

《完美的陌生人》（BBC，2001 年）

伦敦一个大家族的族长举办了为期三天的家庭聚会。来自冷清的伦敦郊区的丹尼尔（马修·麦克费登［Matthew Macfadyen］饰）、母亲埃斯特（吉尔·贝克［Jill Baker］饰）和脾气暴躁的父亲雷蒙德（迈克尔·刚本［Michael Gambon］饰）组成了家族中的"希灵登特遣队"。丹尼尔抵达位于伦敦市中心的豪华酒店后，面对的是他从未见过的既耀眼又古怪的家族成员，其中包括魅力十足的家族第一夫人爱丽丝（琳赛·邓肯［Lindsay Duncan］饰），神秘又迷人的兄妹查尔斯（托比·斯蒂芬斯［Toby Stephens］饰）和丽贝卡（克莱尔·斯金纳［Claire Skinner］饰），活泼的怪人欧文（蒂莫西·斯波［Timothy Spall］饰），以及严谨的家族"档案管理员"斯蒂芬（安东·莱瑟［Anton Lesser］饰）。聚会展开了一系列活动，丹尼尔开始寻找自己在家族中的位置，而所有家庭成员都面临着过去的回忆，家谱背后的秘密和故事也随之被揭开。

波利亚科夫曾在采访中断言，"每个家庭至少都有三个伟大的故事"①。而在《完美的陌生人》中，叙事共由四个主要的秘密构成。斯蒂芬的秘密讲述了他的母亲———一位年轻的德裔犹太女孩的故事，以及她如何从家族其他成员的命

---

① 《完美的陌生人》DVD（BBC，2004 年）。

运中逃脱。此外，其母三姐妹的背后还隐藏着一个关于第二次世界大战的故事：大姐的未婚夫在战斗中牺牲，她从此一直沉浸在丧失爱人的痛苦中；两个年幼的弟弟妹妹则因战争流离失所，过着野孩子般的生活。

另外两个故事被定格为神秘事件，构成这个三集电视剧的叙事动力，同时也引发了丹尼尔和雷蒙德的焦虑和探究。在聚会上，他们看到了自己童年时拍摄的却又想不起来的谜一般的照片，于是开始寻找这些照片的意义。最终，在该剧的结尾，他们发现这些照片其实是雷蒙德父亲的秘密生活和恋情的一部分，而这个秘密也将父亲、儿子和孙子重新联结在一起。爱丽丝、丽贝卡和查尔斯之间产生隔阂的原因，是

39 该剧叙事的另一个推动力。丹尼尔发现了理查德（约翰·约瑟夫·费尔德［J. J. Feild］饰）的故事，他是丽贝卡和查尔斯的弟弟，却被"意外"遗漏在了家谱之外，这也解释了这对兄妹与将他们视如己出抚养长大的女人之间为何产生裂痕。理查德的精神疾病导致他被排斥在家庭之外，他随后的自杀让爱丽丝、丽贝卡和查尔斯都不得不面对自己内疚和自责的复杂情绪。在此，波利亚科夫编织了一张复杂的欲望与丧亲之痛的网，兄妹俩引诱不知情的丹尼尔取代理查德的位置，而丹尼尔则努力寻找自己在家庭中的位置，试图弥合爱丽丝、丽贝卡和查尔斯之间的裂痕。

在第3集中，丹尼尔精心安排了丽贝卡、查尔斯和爱丽丝之间的会面。这场最后的对峙发生在一座宏伟的避暑别墅里，位于曾属于"家族"的豪华乡村庄园。当丽贝卡凝视

着窗外的花园时，从她的视角，我们可以看到远处年老的三姐妹正走在花园的小径上。跑在他们后面，随后又超过他们的是三个年幼的兄妹，他们刚刚短暂地打断了最初的对峙。剧中的这一时刻，平行呈现了这个家族的三代人。尽管此处的叙事仍然集中在丽贝卡、查尔斯和理查德的故事上，但另外两组兄弟姐妹的出现，暗示了家族中不同故事和秘密之间存在剧情呼应。这种呼应进一步体现在：孩子们跑去玩捉迷藏时的欢笑声，让人想起剧中童年时的丽贝卡、查尔斯和理查德玩类似游戏的镜头。这一瞬间也让观众产生了过去、现在和未来重叠交融之感。尽管剧中的这些故事内容保留了深刻的私人色彩和个体性，却能让观众感受到共同的家庭经历和模式，尤其这部剧凸显了兄弟姐妹之间的爱和疏离父母的故事。

《完美的陌生人》在叙事和影像层面上的各种呼应和重复形式可谓错综复杂，不胜枚举。例如，对揭示丹尼尔装扮成小王子的照片和雷蒙德父亲跳舞照片背后奥秘的片段，莎拉·卡德威尔（Sarah Cardwell）进行了出色的文本细读，指出主导这部剧的重复性与模式，并分析了它们是如何被精心编织进文本中的（2005）。虽然卡德威尔的分析主要针对这一片段，但上文提到的"时刻"，揭示了这些呼应对叙事设计和构建家庭人物形象的重要意义。这种叙事设计基于代际记忆的循环往复，由此建立了一个代际更替的体系，而这一点也将在本章讨论的其他例子中得到印证。此类呼应和重 40 复是这整部剧的特色，通过反复出现的文本图像和重复闪现的人物记忆，唤起铭记体验的瞬间。

铭记理查德

莫琳·图里姆（Maureen Turim）在论述电影中的倒叙时指出："倒叙通常呈现的是可以理解为记忆的画面。这些电影描绘了各自版本的记忆如何被储存、被压抑，如何从压抑中回归……倒叙电影特别运用了联想性记忆理论，即当下的事件或感觉如何唤起已经被遗忘的记忆痕迹。"（1989：19）图里姆的论点似乎与帕姆·库克（Pam Cook）关于怀旧电影的讨论相关联，即过去和现在之间存在的割裂，何以能被视为"反映了记忆本身的活动"（2005：16）。在《完美的陌生人》中，闯入和重复的方式开始成为这种记忆活动的特征。这里提到的闯入的特征指的是那些不自觉浮现在我们眼前的记忆片段，那些将我们瞬间拉出时间、拉回从前的自我的感官印象。这让人想起普鲁斯特 **"非自主性回忆"** 概念，他通过品尝玛德琳蛋糕的味道回到过去。① 在该剧的第3集，当爱丽丝讲述理查德的故事时，一个特别的时刻巧妙地体现了这种"闯入"的特点。

在爱丽丝伦敦公寓的一张小厨桌旁，爱丽丝和丹尼尔相

---

① 本雅明在《论波德莱尔的几个母题》（*On Some Motifs in Baudelaire*）（1939年）中引用了普鲁斯特《斯旺之路》（*Swann's Way*）里的话："我们自己的过去也是如此。试图重拾过去将是徒劳的，我们智力上的一切努力都将被证明是徒劳的。过去隐藏在某个领域之外，智力无法触及的地方，隐藏在某个我们不曾怀疑过的物质对象（这个物质对象会给我们带来的感觉）中。至于那个对象，在我们自己死亡之前，我们是否会遇到它，这取决于机遇。"（Benjamin，1999：155）

对而坐。此处人物的位置让人想起琳赛·邓肯在《拍摄往事》（BBC，1999 年）中饰演的讲故事者。只不过，这次她饰演的角色是根据剧中自己的记忆和经历来讲述故事。在爱丽丝的叙述中，既有对理查德患病事件的叙述，也有蒙太奇照片的使用，例如一系列黑白和彩色的照片。这些照片展示了陷入精神疾病的理查德，他披着黑色皮大衣，赤脚走在伦敦街头，就像上一个时代遗留下来的诗人或流浪者。然而，故事中有许多无关紧要的细节，理查德的形象与爱丽丝的叙述并不完全一致，它们在记忆中一闪而过，闯入了画面。这些看似从爱丽丝的记忆中提取的拼贴图像，建立起我们对她个人历史的印象，同时也让人从爱丽丝的记忆中感受到理查德自身的性格，这种零碎、断续的记忆逐渐勾勒出了一个正在崩溃的年轻人的形象特征。通过对故事和图像、记忆和重 41
建的拼贴，波利亚科夫让人感受到什么是爱，什么是失去。

在此，我想请大家注意这个故事中由四个镜头组成的一个时刻。第一个镜头是爱丽丝向丹尼尔讲述故事时的人物画面（见图 2.2）。爱丽丝的外貌比我们之前看到的更加朴素：她穿着一件普通的灰色衬衫，自然但冷色的光线从厨房的窗户正面照进来，在她身后处于阴影中的厨房的映衬之下，爱丽丝的苍白皮肤和金色头发颇为明显。她的身后是厨房的两个长架子，上面摆放着蓝白相间的柳树图案餐具。在这个片段中，镜头的位置和画面结构的逻辑确立了爱丽丝的叙述和她作为故事讲述者的形象，也将故事固定在了当下的空间与时间。此处镜头略微偏向左边，处于与她的听众丹尼尔的

正/反向镜头位置。这种"锚定"却被接下来的一系列镜头
短暂打断，表现了记忆的突然闯入。

图 2.2　如今的爱丽丝

（《完美的陌生人》，斯蒂芬·波利亚科夫导演，BBC、Talkback 工作
室制片，2001 年）

爱丽丝向丹尼尔解释说，理查德看过的许多医生都给出
了截然不同、不确定的诊断，因为"只要他乐意的话，他
可以变得很迷人"。在这个讲述片段中，观众可以听到突如
其来的三次快速敲击窗户的声音，破坏了这段叙述的流畅
性，关于"迷人"的理查德的记忆被唤醒了。也许是楼上
公寓的建筑工人发出的类似声音激发了爱丽丝的回忆，从而
指向了那些引发回忆并将人带回过去的感官印象。此时爱丽
丝的视线从看着丹尼尔转到右边，探究声音的来源，导演波
利亚科夫也将画面切换到以前理查德敲窗的场景。理查德黝
黑的皮肤和蓝眼睛下面的浅棕色眼圈暗示着他的病情，但镜

42

头对这个年轻人的取景和温暖的打光，又让他的形象充满了爱丽丝所看到的迷人魅力；他在窗前的突然出现也将其性格中的自发性和活力表现得淋漓尽致（见图 2.3）。理查德标志性的皮衣领子竖在脖子周围，他微笑着从窗口望进来。波利亚科夫随后切换回爱丽丝的镜头，她抬起头，看是谁在敲窗。此时的观众也回到了曾经，我们看到的是过去版的爱丽丝（见图 2.4）。画面中的她依然坐在厨房的餐桌旁，架子上摆放的同样的餐具突出了空间的连续性。然而，人物服装和发型的变化表明，时间已经发生了转换。这里的爱丽丝身着一件柔软的浅色 V 领毛衣，头发更长也更柔顺，束在耳后。从人物塑造的角度来看，我们可对这种场景的转变进行象征性的解读，爱丽丝经历丧亲之痛前后的两种不同光景被真实地呈现出来。前者是在雨后午后阴郁肃杀的光线中，后者则处在记忆里温暖怀旧的光芒之下。第二个场景里的爱丽丝与其关于理查德的记忆相呼应，当波利亚科夫再次将镜头切回理查德在窗前微笑的画面时，镜头角度从左至右进行的转换和摄像机视点镜头的逻辑都强调了这一点。

图 2.3 曾经的理查德

（《完美的陌生人》，斯蒂芬·波利亚科夫导演，BBC、Talkback 工作
室制片，2001 年）

图 2.4 曾经的爱丽丝

（《完美的陌生人》，斯蒂芬·波利亚科夫导演，BBC、Talkback 工作
室制片，2001 年）

理查德于主要叙事中的不在场，反而强化了对他的记忆　43
萦绕心头的感觉。他身穿长的皮大衣的形象贯穿整部剧，使
他的出场获得某种标志性的意味。他存在于丽贝卡和查尔斯
身处的空间中，丹尼尔虽然感知到了，但自己却无法完全填
补这种空白，被明显地排除在族谱之外。在家族聚会的第一
个晚上，丹尼尔在不知情的情况下被丽贝卡和查尔斯打扮成
了理查德的样子，尽管他一再强调这件外套"不太合身"。
即使在回忆片段中，理查德幽灵般的出场、病态的皮肤、带
黑眼圈的双眼、皮质斗篷和不安的举止，都进一步强化了他
作为家庭幽灵的地位。而他的形象在最后的蒙太奇回忆中反
复出现，则又体现了爱丽丝内心的纠葛。

在最后的晚宴上，爱丽丝进行总结发言，提议大家
"为那些已不在我们身边的人……那些不能在这里的人"干
杯。就在此时，波利亚科夫重新在镜头中切入理查德在厨房
窗边微笑的画面。尽管这个画面出现的时间很短，却极具震
撼力，它产生的错乱感使爱丽丝受到了肉眼可见的触动。演
员在这里的表演极为细腻，只见爱丽丝/邓肯微微地踉跄后
退，低头沉浸在回忆中，随后又抬起头来，仿佛短暂地回到
了另一个时空，之后重新调整自己的视角。理查德形象的重
复出现不仅在这个片段中被直观地表现出来，在丹尼尔精心
安排了丽贝卡、查尔斯和爱丽丝之间的对峙之后，还被写进
了对白里。当他们都站在庄园的花园里凝视远方时，丹尼尔　44
向查尔斯道歉，查尔斯也表达了自己的悲伤和内疚，解释了
其对理查德的追忆如何如影随形地困扰着自己。

查尔斯：我每天都能看到他……

丹尼尔：看到理查德？

查尔斯：是的……无论我在哪里……去年我走进墨西哥的一家小超市，突然就在柜台旁边看到了他，真是不可思议。

查尔斯在此将理查德的突然"再出现"描述为一种颠覆性的强烈体验，与爱丽丝在聚会发言时所经历的颤抖如出一辙。这两个关于记忆的重复和"闯入"特质的例子，都十分有力地表现了记忆所蕴含的情感能力。

记忆蒙太奇："前情提要"片段与反思性结尾

通过运用蒙太奇手法、不同静态和动态影像风格等记忆技术（如家庭摄影、家庭录像），《完美的陌生人》成为"许多当代电影、纪录片和电视连续剧去重塑（真实或虚构的）家庭影像片段的一个范例。这些电影、纪录片和电视连续剧或是作为一种技术，营造亲密和个人真实性的假象，或是对记忆与媒体的相互交织发表一种元评论"（van Dijck，2008：72）。诚然，《完美的陌生人》成功地营造这种假象、提供类似的评论形式，同时还是"记忆文本"的例证。安妮特·库恩（Annette Kuhn）写道，"记忆文本"的形式"具有拼贴式、碎片化、不受时间影响的特点"，能够"通过文字，或以声音和图像的直接性和纯粹性，唤起记忆的感觉"（2000：189）。就这个意义而言，记忆文本借助我们对记忆经验的熟悉程度，激发我们的共鸣和认同。

波利亚科夫在《拍摄往事》（*Shooting the Past*）（BBC，1999 年）中有效地发展了对蒙太奇的运用，将其作为摄影叙事和放慢电视节奏的一种试验性方式，以创造令人难忘的电视体验（参见 Holdsworth，2006）。《完美的陌生人》的"记忆蒙太奇"可以说是构成该剧叙事的复杂秘密之网的一部分，同时也有效地描述出记忆的感觉。在本节分析中，我将详细介绍《完美的陌生人》最后一集中的两个"记忆蒙 45 太奇"：第一个蒙太奇拉开了本集的序幕，第二个则出现在最后一幕。

自《拍摄往事》波利亚科夫使用静止摄影之后，他扩展了记忆技术的运用，并在《完美的陌生人》中将电影画面融入家庭录像片段当中。这些片段呈现电影胶片的颗粒质感（使用了录像带和八厘米摄影机），这种"过时"的摄影和电影风格为观众提供了一系列贯穿全剧的影像，而这些影像往往又会闯入剧中人物的梦境和幻想之中。在第 3 集开头，伴随着片头字幕，出现了不同的家庭故事回忆蒙太奇。在某种程度上，这可以被解读为"前情提要"片段，也是连续剧中常见的做法，以提醒观众迄今为止已经发生的情节。通过将这些"回忆"与西蒙家族的族谱并置，观众可以推断出这些故事之间的联系，而这些联系将在剧尾被揭晓。此处画面的镜像也暗示着人物和故事之间存在的关系。镜头从幼年丹尼尔身着"小王子"装扮的胶片画面移动，经过装饰过的拖鞋，到小男孩瞪大眼睛、摆弄褶皱衣领的脸庞。类似的一组镜头移动先是扫过小雷蒙德的静态照片，然后看向站在他身旁的父亲的身影，父子俩的相似之处在二人完全一致的姿态上展露无遗。

随着记忆和幻象逐渐重合，剧中人物被迫揭开某些图像和照片背后的意义，以重建自身的历史。在《完美的陌生人》中，故事、图像和意义同时交织和展开，并通过莎拉·卡德威尔所称的"跨媒体、跨时空蒙太奇"串联起来（2005：185）。然而，我们在此也可以称之为"记忆的纹理"，因其与库恩认为记忆文本具有拼贴式、碎片化的特点相对应。这个片段以不同风格的电影和摄影为代表，将记忆碎片拼凑在一起，不仅营造出一种记忆的质感，也意图拼贴完整叙事谜团的各个要素。

以上的例子是一个"前情提要"片段，而下文的例子则让人联想到连续剧和其他电视形式中使用的反思性结尾。在此，场景编排的关键在于对蒙太奇和音乐的运用。① 在结尾处，丹尼尔试图与爱丽丝和兄弟姐妹们重归于好的努力失败了，雷蒙德父亲的秘密生活也被揭露了，一家人聚在家族曾经的庄园（现为会议中心和高尔夫球场），坐在长长的宴

46

---

① 菲·伍兹（Faye Woods）对电视连续剧形式中音乐的特殊使用进行了研究：《橘子郡男孩》（*The O. C.*）（Fox，2003—2007 年）插曲《哈利路亚》（*Hallelujah*）的跨集、暗示性的使用；《美国梦》（*American Dreams*）（NBC，2002—2005 年）对流行歌曲的使用，以此将多条故事线串连在一起；以及《篮球兄弟》（*One Tree Hill*）（The WB/The CW，2003 年起）最后片尾曲《结局》（*Coda*）（2007：325–326）。另见朱莉·布朗（Julie Brown）对《甜心俏佳人》（*Ally McBeal*）（Fox，1997—2002 年）音乐的使用和最后蒙太奇"戏剧性回顾作用"的分析（2001：285）。

会桌旁。坐在长桌首位的爱丽丝受邀致辞，一番客套之后，爱丽丝的发言引发了最后的记忆蒙太奇，对剧中主要故事和人物进行总结。

> 爱丽丝：你们中的有些人将会铭记这所房子，有些可能在小时候就来过这里……在座的还有很多参加过家族聚会，也曾在这里直面回忆……当然，我们都有自己想要邀请的客人名单。

这个记忆片段再次以闯入和重复为特征，正如我前文的讨论，它们模拟电视文本中的记忆活动或节奏，标志着过去与现在之间的持续割裂。从爱丽丝回忆雷蒙德，再到丽贝卡回忆年轻时的爱丽丝，这组蒙太奇片段长达 45 秒，共 22 个镜头。与波利亚科夫早期的作品《拍摄往事》中的蒙太奇剪辑相似，该片段的节奏是通过剪辑而非摄影来实现的。剪辑带来的匀速节奏有着近乎催眠的效果，每一帧镜头大约持续两秒钟，同时令人回味的配乐和钢琴的重复曲调增强了这一效果。过去与现在之间暗流涌动，每一帧记忆都与其角色紧密相连，营造出私人化的氛围，但每个角色又都共享回忆的过程带来的体验。爱丽丝的发言本身（"当然，我们都有自己想要邀请的客人名单"）暗示这一片段同时是私人历史/记忆和集体经验的表述，指向了电视记忆形成的复杂性，以及电视作为私人观看体验和文化形式的双重性。在爱丽丝的致辞结束后，虽然没人说话，但丹尼尔和爱丽丝、爱丽丝和查尔斯兄妹之间的一系列眼神对视，既表达了对其发言的赞赏，也预示着某种和解的可能。伴随着这一段的配乐是剧中反复出现的主题曲，卡德威尔（Cardwell）将其描述为一种"暂缓"的感觉（2005：184）——此处没有乐曲高潮的渐强，钢琴伴奏变得更为柔和与舒缓。与《拍摄往事》一样，这部剧在没有完结的情况下实现了一种终结感，也可以说导演在西蒙一家的聚会上，为观众留出了空间。当全家人为爱丽丝的致辞祝酒时，镜头位于长桌的尾端。在该剧的最后一个镜头中，这个位置又再次出现。当欧文站在桌子上，为聚集在一起的家庭成员拍照时，他们都转过来面对镜头和观众。虽然这个镜头可能被认为是欧文站在镜头后的视角，但这种直面镜头的方式呼唤观众的参与，将他们定位为这个家庭的一部分，同时也为观众留下了一个位置，邀请他们带着自己的家庭幽灵和记忆前来。

在对作为记忆文本的《完美的陌生人》进行分析时，我意图考察剧中如何对回忆和铭记行动进行描绘，如何呈现记忆的纹理和活动；假设这些回忆都是能够让人共情的经历，这样的表现方式又会如何唤起我们自身的记忆行动与实践。这一论点基于这样一种认识，即电视是日常生活记忆系统的一部分，它在日常生活和家庭动态中扮演着重要角色，而家的空间也常常充满了记忆的碎片。例如，就像《拍摄往事》的档案空间里照片随处可见一样，在《完美的陌生人》的场景里，剧中人物的家庭空间也摆满了家人照片。电视经常处于这种日常记忆网络之中，这确实会对我们的观看体验产生影响。在这种情况下，在一个被历史和记忆覆盖的家庭空间中观看有关个人历史和记忆的家庭剧，故事中的幽灵很可能就是我们自己。

尽管《完美陌生人》可被称为"艺术电视"①的典范，但这部三集电视剧中的许多特点和瞬间，都让人联想到长篇电视连续剧的特征，或者是基于此的再创作。当我继续思考回归与离开的时刻、重复与有差异的重复，如何与长篇连续剧形式相关联，我也意识到存在着与我选取的研究对象相关的价值等级——艺术"之于"流行、情节剧"之于"现实主义。当然，所有例子都有形式上的共性，我也试图强调这些共性，但或许最重要的是，我想把这些例子作为电视来研究，从而考察运用和唤起记忆的（媒介）特定方式。

《急诊室的故事》（NBC，1994—2009 年）

于 1994 年开播的《急诊室的故事》以虚构的芝加哥综合医院急诊室为背景，打破了医疗题材电视剧的模式。这部剧收视率极高，并获得了评论界的广泛赞誉，但后期该剧疲态尽显，最终在第 15 季结束时宣告停播，成为美国黄金时段播出时间最长的医务剧集。随着这部剧对自身的记忆越来越有自我意识，最后一季中出现了许多"时刻"。例如，艾比（毛拉·蒂尔内［Maura Tierney］饰）和妮拉（帕敏

48

---

① 考吉（Caughie）写道："艺术电视似乎意味着观众被认为是聪明的，而且可能是批判性的，'解读'创作者则被认为带有目的性，且可能是创造性的。"（2000：140）

德·纳格拉［Parminder Nagra］饰）分别在这一季的开头和结尾发现了位于医院地下室的秘密"纪念墙"，就像书签一般凸显了这部剧的终结。① 最后一集本身也自觉地对应了最初"试播集"的结构，描绘了急诊室 24 小时的生活。作为结尾的最后一集，依然坚守医院的"每一天"都是循环往复的，是生命的终点，也是生命的起点。这不仅在急诊室的生老病死中体现得尤为明显，而且还明确地展现了电视连续剧里的代际更替。在试播集中，约翰·卡特医生（诺亚·怀尔［Noah Wyle］饰）来到综合医院工作的第一天，与后来初来乍到的实习医生朱莉娅·怀斯（阿丽克西斯·布莱德尔［Alexis Bledel］饰）如出一辙。后者曾出演《吉尔莫女孩》（*Gilmore Girl*），在这部剧中则为在急诊室工作的第一天努力挣扎。此外，已故的格林医生的在场/不在场通过重复出现的形象引发共鸣：试播集中介绍格林医生出场的开篇镜头被重新翻拍了，只不过，现在在安静昏暗的治疗室里的是阿奇·莫里斯医生（斯科特·格瑞恩斯［Scott Grimes］饰）。② 格林的女儿瑞秋（哈莉·赫希［Hallee Hirsch］饰）现年 22 岁，作为一名准医学生也来到了这里。在最后一季的大结局和其他集中，还有一系列角色的回归和客串出场。在"旧时光"一集中，道格·罗斯医生（乔治·克鲁尼［George Clooney］饰）和卡罗尔·海瑟薇护士（朱莉安娜·

---

① "艾比之书"，第 15 季第 3 集；"平衡的转变"，第 15 季第 20 集。
② 护士莉迪亚·赖特（艾伦·克劳福德［Ellen Crawford］饰）唤醒了两位医生。

玛格丽丝〔Julianna Margulies〕饰）回归，备受观众期待。①
甚至马克·格林医生（安东尼·爱德华兹〔Anthony
Edwards〕饰）和罗伯特·罗曼诺医生（保罗·麦克兰尼
〔Paul McCrane〕饰）等已故人物也通过一系列闪回镜头，
再次出现在新医生凯特·班菲尔德（安吉拉·贝塞特
〔Angela Bassett〕饰）的故事线中。接下来，我想更为详细
地探讨这一集。

　　"疗愈你自己"这一集（第 15 季第 7 集，播出日期：
2008 年 11 月 14 日）的首次播出本身被构建为一个纪念空
间。这一集在该剧编剧迈克尔·克莱顿（Michael Crichton）
去世后一周播出，以剧组早期演员埃里克·拉萨尔（Eriq la
Salle，剧中饰演彼得·本顿医生）朗读简短悼词开场。② 这
营造出一种反思性氛围，虽然可能是无意的，却与剧集的主
题和人物性格的塑造相得益彰。开头是一个对凯特·班菲尔
德的俯拍特写，她躺在床上，陷入沉思，耳边传来丈夫叫她 　49
的声音。班菲尔德在第 15 季第 2 集被任命为新的"急诊室
主任"，从一开始，她的形象就是冷漠、严肃和神秘的，很
快引起了急诊室更资深同事们的不满。"疗愈你自己"这集
的结构以一系列的倒叙为主，而这些倒叙明显就是凯特的记
忆。这集揭示了她经历的一个关键事件，解释了凯特为何有
着严厉、冷淡的举止。在回忆中，这种举止可被重新解读为

---

① 第 15 季第 19 集。
② 这一集也是献给执行制片人大卫·扎贝尔（David Zabel）的叔叔谢尔顿·
扎贝尔（Sheldon Zabel）的。

她受到了内疚和悲伤的困扰。在这集中，凯特在"当下"对一个濒临溺亡的小女孩进行医疗救治，她对待女孩母亲和祖父的专业态度，与她之前在急诊室的经历（她的儿子曾在急诊室接受格林医生的治疗）形成对比。在倒叙的场景中，我们看到凯特在自己作为医生和母亲的职业角色和个人角色之间挣扎，并为自己未能及早发现儿子的病情而自责。但在现在的场景中，凯特已从这段经历中获得成长，尤其格林医生树立了榜样，影响了她对小女孩的救治方式及对其家人的态度。

片中对这种在过去和现在之间的倒叙转换，运用了不同的表现方式。例如，对话的片段和图像的匹配（足球的投掷、母亲握住孩子手的特写）、情绪和语气的转变（清创室的紧迫感、母亲的恐惧、祖父的内疚）——所有这些都让凯特鼓起了勇气，缝合过去与现在之间的裂痕。每一次的闪回都以凯特为中心，向我们展示了她的"回忆"经历。但"疗愈你自己"这一集还唤起了另一种形式的回忆，即马克·格林医生的再次出现。这位备受爱戴和尊敬的前"急诊室主任"在该剧第8季中因脑瘤去世，相关的故事情节漫长而痛苦。在此，我想重点谈谈格林回归的那一刻。

随着现在场景中小女孩治疗取得进展和过去凯特儿子病情加重，闪回开始频繁出现。剧集中段，凯特和她的儿子乘坐救护车飞速赶往医院。在一个中近景镜头中，凯特焦急地看着儿子，紧紧握住他的手。画外的医护人员宣布他们抵达综合医院，观众听到救护车门打开的声音。凯特抬起头，白色的太阳照亮了画面，伴奏的配乐音量逐渐由小变大。此时，画面切换到凯特的视角：马克·格林医生伸出手拉开救护车门，阳光照进画面左侧，观众熟悉的格林医生周身散发出一道神圣的光芒。他低头看着凯特，说道："欢迎来到综合医院，我是格林医生。"从某种意义上说，此处音乐基调和场景灯光的转变，都预示着格林的回归。同时，片中在表现这位悲剧英雄的回归时，无疑带着一种自省意识，其光影和构图赋予这个人物一种救世主的意味（见图 2.5）。①

50

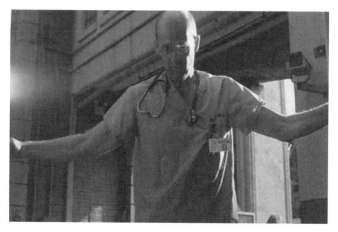

图 2.5　马克·格林医生，
《急诊室的故事》第 15 季第 7 集"疗愈你自己"

（大卫·扎贝尔导演，Constant c 制片公司、Amblin 电视、华纳兄弟电视制片，2008 年）

---

① 通过对最后一集安东尼·爱德华兹"回归"的文本外宣传，观众产生了一种自我意识，被引导去期待这个"揭晓"的时刻到来。

随着剧情的发展，对于凯特的回忆如何指导她自己当下的行动，观众已经了然。在以上这个重要的镜头中，作为幽灵和导师的格林医生同时存在于过去和现在，颠覆了该剧的"现实主义"风格，也唤起人们对他在剧集中所扮演角色的回忆。格林医生再次出现后，凯特也回到了现在，为小女孩做了开胸手术。当孩子母亲哭喊着问"为什么没有任何起色"时，镜头切换到凯特的特写。她向左侧望去，镜头随着她的目光移动。在她身后的一个长镜头中，昏暗房间里的格林医生正站在一束光中，戴上了手术手套。他对着过去的凯特和现在的凯特说"我们才刚刚开始"，然后闪回叙事又重新开始了。

剧情自此处开始在过去和现在之间快速交换，两个救治病例虽然处于不同的时空，却在同一所医院相邻的治疗室里并行不悖。在电视连续剧中，病人/故事线之间的交叉是一种常见的结构手段（参见 Newman，2006）。而在本剧中，病人/故事线之间的交叉还是跨时空的，通过行动（护士从一个房间走到另一个房间）、动作（医疗包被撕开）和对话（列出药物清单），过去和现在两个时空的节奏协调统一。虽然动作和声音（医疗设备的哔哔声和安静的情感配乐突出场景）暗示过去和现在之间发生转换，但过去和现在也被区分为两个不同的事件，主要通过凯特不同的发型（过去是带刘海的长发，现在是短发）和两个清创室不同颜色的瓷砖（以前是黄色，现在是绿色）来表现。

此外，凯特现在的互动和治疗也与她和格林医生的互动回忆相辅相成。例如，格林医生曾问她儿子是否吃过什么，对这个问题的记忆激发凯特重新考虑小女孩的病例，因而问自己的团队成员："也许是摄入了什么？"最终凯特的儿子病逝，女孩却活了下来。凯特的回忆富有启发性，也呼应了自己之前对一位沮丧的初级医生的安抚："我们不可能为这样的事做好准备，但最终它会让你变得更好——只有经历过病人的死亡，你才可能成为一名伟大的医生。"

这一集在人物塑造和故事叙述方面，带来了许多引发联想的可能性。回忆的叙事结构让凯特这个新角色与这部剧更漫长的历史产生了共鸣，在她与本身病危的格林医生的短暂相遇中，多重的悲情层层交织。这一集的多个片段也唤起观众对格林医生病情的一系列回忆：格林抽搐着，用手捂住自己的头，由于观众对其角色的历史与未来已然知晓，这一连串展现其身体反应的镜头令人倍感沉重。但在这里，新的意义同时也在旧的语境中诞生，诸如凯特·班菲尔德这样的新角色被赋予了历史和记忆的重量。

无论是这一集还是最后一季中的其他"纪念性设计"——过去、现在角色和演员间的相遇，故事线和角色类型（"主任"、新实习生等）的重复，都可被视为一系列对比。就电视记忆和怀旧而言，它们既为"我们曾经是谁以及我们如何改变"这样的问题提供注脚，同时也揭示了连续剧叙事潜在的比较功能。当我们看到角色由新的演员扮演、故事线被重新拾起，这种剧集独有的连续性和重复性特点，使观众和评论家能够对整个系列的表演、故事和角色塑造等方面进行评估。

52   《实习医生格蕾》（ABC，2005 年起）

在谈到黄金时段电视连续剧的"平行主题"时，纽曼评论道："在处理多个故事情节时，这似乎是一个显而易见的方法：让它们相互影响和发挥，揭示不同与相似之处。"（Newman，2006：21）尽管"平行主题"是一种普遍的叙事手段，但杰森·雅各布斯（Jason Jacobs）通过对医院题材电视剧的研究，揭示了这种叙事在这类特定题材中的特殊作用。他使用"反射者"这一术语来指代剧中的病人，认为这些病人"就像医务工作者的戏剧'反光镜'，代表或表达了医务工作者群体的困境、身份或处境，并以一种敏锐的方式反射给他们"（2003：14）。雅各布斯认为，"'反射者'带有回归的意思，因为反射意味着一个返回、回顾的动作——在这些电视剧作品中，主人公往往被病人的行为、思想和情感所激发，从而反省自身或改变想法"（2003：119－120）。①

《实习医生格蕾》（Grey's Anatomy）是另一部有关医院题材，但模式截然不同的系列剧，目前已播出七季，故事发生在虚构的西雅图格雷斯医院外科部门。剧中一个角色形容

---

① 这是一种特殊的反思形式，因为特定病人的故事情节往往也能对医疗护理和政策"问题"进行反思。

这个医院为"用手术刀的高中"[1]，的确，该剧结合了青少年剧和医务剧，医生之间的人际和恋爱关系是剧情的核心。这部剧里的病人和《急诊室的故事》里的病人一样，都可被视为"反射者"，而西雅图格雷斯医院的医生们则经常在门廊观看、倾听和见证，处于其病人的生活边缘。关于病人生活的剧情发展常与医生的回应镜头穿插在一起，以显示他们的共情反应，并预示重要人物的反思和认同时刻。不过，《实习医生格蕾》的不同之处似乎在于这种反思性关系有多个层次，剧中人物不断被促使反思自己纠结的恋情和友情。这就在剧中设置了一套独特的模式和节奏，指向对重复和一系列记忆的操纵性、戏剧性和趣味性运用。

在《实习医生格蕾》中，"时刻"的概念就像《急诊室的故事》最后一季中的纪念时刻一样具有自觉性。但对这部剧而言，这个词还具有宣传功能：第 3 季中期有个剪辑节目叫作"每个时刻都重要"；第 5 季的 DVD 版本承诺为观众提供关于幕后和花絮"更多的时刻"。正如我在此前提到，"值得纪念的时刻"的概念是怀旧节目形式的核心，而通过 DVD 特辑和剪辑节目的重复形式，纪念化过程得以实现。这种贯穿《实习医生格蕾》的重复性模式和节奏，正是我想在下文继续探讨的。

《实习医生格蕾》中的对白结构对理解该剧的基调和特

[1]　出自凯莉·托雷斯（萨拉·拉米尔兹［Sara Ramirez］饰），第 3 季第 1 集"时至今日"。

点来说很关键。值得注意的是，该剧的核心人物梅雷迪斯·
格蕾医生（艾伦·旁派［Ellen Pompeo］饰）的画外音旁白
构成了这部剧的框架，从而突出了这部剧显著的女性主题。
画外音本身是在一种反思的模式下运作的，表达对生命、死
亡和爱情的人生考验的思考。演说的普遍使用则进一步强调
了这种模式。在那些高度紧张的时刻，画外音一方面突出表
演，另一方面通过语言的重复使用和诗歌韵律的构建，营造
出一种戏剧性的张力。[①] 画外音的设计不是为了模仿自然的
语言模式，也并非要中断或破坏叙事连贯性，而是往往作为
情感的强调和揭示，推动叙事和人物弧光向前发展。在突出
情感点的同时，它们还能引发共鸣，并在这些不同的人物弧
光之间建立相似之处。剧中人物和故事情节的核心是梅雷迪
斯和德立克·舍伯医生（帕特里克·德姆西［Patrick
Dempsey］饰）之间时断时续的恋情。在第一季的结尾，当
与德立克医生分居的妻子意外地来到西雅图格雷斯医院时，
梅雷迪斯主动要求德立克"挑我、选我、爱我"[②]。这一展
现其情感脆弱的"时刻"贯穿于她的人物弧光（德立克一
开始并没有选择她），我们看到她的话在第 3 季开头德立克
的讲话中被再次引用，他承认自己选错了。在梅雷迪斯家的

---

① 当然，这种"演说"的形式并非《实习医生格蕾》所独有，观众在其他
地方也可以看到，例如《白宫风云》（*The West Wing*）（NBC，1999—2006 年）里
的政治修辞，或《设计女王》（*Designing Women*）（CBS，1986—1993 年）里茱莉
亚·苏加贝克（迪克西·卡特［Dixie Carter］饰）声名狼藉的情感与语言表达能
力。

② 第 2 季第 5 集"带来痛苦"。

厨房里，两人自第 2 季末在医院舞会上发生关系后首次面对面（就剧情而言是前一晚）①，梅雷迪斯重复了德立克在上一集提出的问题："那么这意味着什么？"

> 德立克：这意味着你有选择。在你准备好之前，我不想催促你做决定。今天早上我**本来要过来**，我**本来要告诉你**我想**说**的是……但现在我只能说……我**爱上你**了。我已经**爱上你**，我不知道多久了……我知道我**来迟了**，我告诉你**已经晚了**。我只是希望你能**慢慢来**，你知道的，你想考虑多久都行，因为你要**做出选择**。当我曾经要**做选择**的时候，我选错了。（第 3 季第 1 集 "时至今日"）

这里通过连续重复关键词和短语（"爱上你""已经晚了""慢慢来"），说话的模式形成了明显的节拍。这段话既是循环的，回到了"做出选择"这句话，同时又是开放的，让梅雷迪斯自己做决定，从而推动故事情节的发展。德立克的表白也与伊泽贝尔·史蒂文斯医生（凯瑟琳·海格尔［Katherine Heigl］饰）爱上心脏病人丹尼·杜奎特（杰弗里·迪恩·摩根［Jeffrey Dean Morgan］饰）的故事情节相呼应。在第二季大结局中，当伊泽贝尔以自己的职业生涯和丹尼的生命为赌注，确保丹尼在心脏移植名单上排第一位

54

---

① 这个故事情节涉及外科主任侄女，她在毕业舞会前夕被送进医院。由于错过了这次成年仪式，主任决定重新组织并在西雅图医院举办舞会。这也许是青少年和医院题材融合的一个更明显例子。

时，丹尼也向这位年轻的医生进行了类似的表白。

> 丹尼：五年来，我不得不按照医生的**选择**生活。那些给我开刀的人决定了我的人生。没有一个**选择**是属于我的。而现在，我这颗心脏能正常跳动和工作了。我可以像其他人一样。我可以自己做决定，过自己的生活，做我想**选择**做的任何事。重点来了，请你听好。我想**选择**的人是你。我想和你一起醒来，一起入睡，一起做任何事。现在我有得**选**了。我可以**选**了。我**选择**你，伊泽贝尔·史蒂文斯。（第 2 季第 27 集"失去信仰"）

这类剧中演说的背景和风格可谓大同小异。该剧的大结局和第 1 集都是由编剧珊达·莱梅斯（Shonda Rhimes）撰写的。当然，使用重复性语言的场合不止这两个。有关肥皂剧的研究提醒我们，重复和再现提醒观众注意到所叙述的事件。在该剧中，这些技巧以类似或额外的方式发挥作用：它们是第 2 季结尾和第 3 季开头之间的桥梁，也构成密集重叠的共鸣和联想的一部分。这些表白的"时刻"给人整齐划一、自成一体的感觉，通过使用反应镜头和缓慢移动的特写镜头，使画面充满了戏剧性。这些场景通常都以被表白者的反应镜头收尾，提示该角色需要进一步思量。

开头和结尾、首集和大结局是连续剧自身历程中有趣的空间。可以说，新旧故事情节在此衔接，结局往往又是开端，这是所有开头和结尾的剧集的主要特征。与《急诊室的故事》的大结局类似，《实习医生格蕾》贯穿和坚持了一种周期性，即剧情的不断折叠和再展开。特别是第 3 季和第 5 季，以镜像场景为主线，该剧勾勒出平行主题，塑造并交织着特定的叙事和人物弧光。在第 5 季中，首集上下两部中一位病人短期失忆的经历在大结局又再次出现，只不过这次是伊泽贝尔被诊断出患有晚期黑色素瘤并已扩散至大脑，她在手术醒来后也同样失忆了。

55

　　第 3 季的开头是医院舞会的余波，第 2 季末丹尼突然去世后，伊泽贝尔倒在浴室的地板上昏过去。① 她穿着舞会礼服（明显让人联想到新娘婚纱），一直保持这个姿势。直到最后的音乐尾声，她才从地板上站起来，梅雷迪斯帮她脱下礼服。这个场景与第 3 季的最后一集相互呼应。其中，极其独立的克里斯蒂娜·杨医生（吴珊卓［Sandra Oh］饰）在婚礼圣坛上被她的搭档兼外科医生普雷斯顿·伯克（以赛亚·华盛顿［Isaiah Washington］饰）抛弃后，梅雷迪斯陪她回到家，发现伯克的贵重物品已经不翼而飞。② 意识到他真正远走高飞了，克里斯蒂娜站在房间中央，吁了一口气："他走了。我自由了。该死的，该死的。"

　　克里斯蒂娜崩溃了，背景音乐响起，她挣扎着脱下紧身胸衣和颈链。这时，梅雷迪斯再次帮助她的朋友脱掉礼服，这次她更为着急，还用上了一把剪刀。这两个例子中的服饰无疑都具有明显的象征意义。鉴于观众在大部分时间里看到

① 第 3 季第 1 集 "时至今日"。
② 第 3 季第 25 集 "我们几乎拥有了一切"。

的人物都是穿着手术服，可以说，见证人物"盛装打扮"的壮观场面与服饰变化的叙事背景同等重要。然而，这两个时刻并未展现转变过程中常见的喜悦，舞会礼服和婚纱都反而变成了和"失去"联系在一起的悲伤意象。

研究连环杀手电影的理查德·戴尔（Richard Dyer）评论道："连环性强调的是预期、悬念，下一步会发生什么，它同时也强调重复、模式和结构。"（2000［1997］：146）在《实习医生格蕾》中，模式和对重复的期待成为连续剧乐趣的一部分。重复的功能不仅仅是产生共鸣和暗示意义，引起经验丰富的观众产生"全新的刺激感受"（Newman，2006：19），还能制造期待和悬念：接下来会发生什么？这些模式又将如何组合在一起？

在此，我先回到医院舞会之夜的那一集。丹尼死亡的那一刻，伊泽贝尔穿着舞会礼服出现了。丹尼独自在病房里等待未婚妻伊泽贝尔的到来，却不幸中风身亡。镜头从左往右平移，对他心率记录仪宣告的死亡直线进行特写，这条直线与医院电梯外墙上的瓷砖线融为一体。镜头继续向右平移，画面中伊泽贝尔出现在电梯里。她身着深粉色连衣裙，上身是绑带设计，下身是及地的宽大裙摆，金色的头发盘成松散的发髻，耳朵戴着小巧的钻饰。她俯身按下电梯按钮，然后整理起裙摆，并在紧张的期待中用手轻轻抚摸着裙子的面料，这时电梯门关上了，画面渐暗（见图2.6）。伴随着对比的画面、延续的直线和轻柔的独立民谣配乐（凯特·哈勒维克［Kate Havnevik］的歌曲《恩典》［Grace］），丹尼的死亡、伊泽贝尔的期待，与之前梅雷迪斯和德立克发生关系的场景残酷地并置。在表现电梯中充满期待的伊泽贝尔时，配乐里"我只想感受你的拥抱"这句歌词，更使这一刻极具戏剧张力和讽刺意味。

图 2.6　伊泽贝尔·史蒂文斯，
《实习医生格蕾》第 2 季第 27 集"失去信仰"

（马克·廷克导演，Mark Gordon 制片公司、ShondaLand、Touchstone 电视制片，美国，2006 年）

在第 5 季第 2 集"梦见梦中我（下）"最后音乐尾声中，伊泽贝尔走到卧室的走廊，看到其同事、室友和分分合合的情人亚历克斯·卡雷夫（贾斯汀·钱伯斯 [Justin Chambers] 饰）正炫耀他最新的征服对象。伴随着一首轻柔的独立民谣，贯穿尾声的多个故事情节被编织在一起，伊泽贝尔的中近景镜头逐渐变暗，她回到了舞会当晚，正拖着礼服走进电梯。镜头随她进入电梯，她按下按钮，电梯门关闭。此时切换到电梯内伊泽贝尔的特写。此处她的表情是一种放松的兴奋，没有了之前场景中的焦虑（见图 2.7）。当门打开时，一个视点镜头里是微笑着等待她的丹尼。伊泽贝尔笑看着他，说："看吧，我告诉过你，我会给你看我的礼服。"丹尼则回应道："你看起来比新娘还漂亮。"于是他们手牵手走过走廊，来到灯光下。然而，当画面渐淡，场景回到现实中卧室外的伊泽贝尔时，亚历克斯关上身后的门，梅雷迪斯的画外音响起："童话不会成真。现实更为残酷。"

57

图 2.7　伊泽贝尔·史蒂文斯，
《实习医生格蕾》第 5 季第 2 集"梦见梦中我（下）"

（罗恩·科恩导演，ShondaLand、Mark Gordon 公司、ABC 工作室制片，美国，2008 年）

　　这个场景的再次出现显然是对之前的呼应，以及回溯其对角色的意义，同时也具有预言的性质，并指向新一季的故事情节。事实上，丹尼确实回来了。丹尼以幽灵/幻觉的形式回到伊泽贝尔身边，与亚历克斯争夺她的感情，从而使观众感到不安，并暗示了这个人物的病情。① 针对这一情节，可以理解为是因为人物受欢迎和观众希望看到他们圆满，但解读其实是开放的。它最终导向一种结局，即伊泽贝尔处于癌症"晚期"，丹尼的回归要么是在警告她的病情，要么就是她病情本身的一种表现。

正是在这特定的故事背景下，电梯场景在第 5 季大结局的音乐尾声中第三次出现，将两个特别的故事线串联在一起。首先，已与亚历克斯结婚的伊泽贝尔经脑部手术后醒来，短暂失忆了。尽管最初失忆的焦虑让她想起本季开头的一位病人，但她似乎逐渐好转。其次，一个面部严重受伤、情况危急的"无名氏"被送进了医院。在剧集的最后，乔治·奥马利（T. R. 奈特［T. R. Knight］饰）的身份被揭开，他是伊泽贝尔的最好朋友和昔日恋人，即将离开西雅图格雷斯医院去参军。在本集的最后时刻，两个角色都进入了无心博动（asystolic）状态。②

由于两位角色都命悬一线，第 5 季大结局的播出难免受 58
到了其中一位或两位演员即将离开的宣传影响，有效地提升了观众对该剧的期待值和紧张感。最后的结尾在抢救伊泽贝尔和抢救乔治的努力之间切换，随着配乐强度和音量的增

---

① 对于普通观众来说，丹尼与死亡密切相关，因为在"某种奇迹"（第 3 季第 17 集）中，梅雷迪斯在濒临死亡的经历中产生了幻觉，死后的丹尼曾以幻觉的形式回到剧中。

② 经常看医疗剧的观众可能对"asystolic"这个词并不陌生，口语中，心脏停搏（asystole）被称为"平线"（flatline），意思是没有心电活动的状态。

加，两组抢救画面的切换速度也加快了。最终，伴随着配乐、心率记录仪发出的平缓的电子音，梅雷迪斯的画外音再次响起："你说出口了吗？我爱你。我再也不想过没有你的日子。你改变了我的生活。你说出口了吗？订个计划，设个目标，然后为之努力。但记得时不时地环顾四周，享受其中……"

昏迷中的伊泽贝尔的俯视特写逐渐淡去，画面消散后，我们再次看到她穿着标志性的深粉色礼服进入电梯。此时的色调更加柔和，画面的基调与之前的版本略有不同，尤其阳光灿烂的第二版场景，正是她幻想的与丹尼的重逢。

而在这一版中，伊泽贝尔的表情焦虑不安，电梯成了在生死之间徘徊的象征空间（见图2.8）。与第二版的镜头模式相同，画面从伊泽贝尔的视角切入，预示着与丹尼的最后重逢及其预言的实现："我来找你了，伊泽贝尔·史蒂文斯。"[①] 随着配乐副歌的响起，这一幕的情感也到达高潮：大门打开，乔治站在那里。焕然一新的他身着军装，剪着齐耳短发，俨然一副军人的模样。此处没有对白，但剪辑、配乐（格雷格·拉斯威尔 [Greg Laswell] 特别创作的歌曲《我走了》[*Off I Go*]）和演员的表演都为本季的悬念埋下了伏笔。伊泽贝尔和乔治之间的正/反打镜头与他们接受复苏治疗的场景穿插在一起，这个电梯场景显然被定格为伊泽

---

① 他在季中回归的过程中不断重复这句话，这句话引起的共鸣在他的重生以及伊泽贝尔意识到自己病情时被重新解读——他在这里不是来支持她的，而是为了召唤她。

贝尔的潜意识。当乔治热情地向她微笑，而她也试探性地回以微笑时，除颤仪的噪音打断了她的注意力，她将目光移开。在最后的生与死之间，她做出了明确的选择。最后的结尾回到了伊泽贝尔的俯视特写，随着除颤仪的电流穿过体内，她的头猛然向后晃动。画面渐黑，梅雷迪斯的画外音最终响起："……因为，就是这样了。也许明天，一切都会消失。"

图 2.8　伊泽贝尔·史蒂文斯，
《实习医生格蕾》第 5 季第 24 集"时不我待"

（罗恩·科恩导演，ShondaLand、Mark Gordon 公司、ABC 工作室制片，美国，2009 年）

　　我之所以选择大篇幅地描写这些场景，是因为其揭示了一种理解记忆运作的不同方式——既不同于记忆蒙太奇中关键时刻的重复，也不同于记忆的表象。在这里，一个简短场景的模式化回归和还原，向我们展示了各种联想和呼应可以如何精妙自觉地交织重叠在一起。同一个场景经过两次重构和修正，每一次都打破了观众的预期。这些重复和修正的密集程度，也使得解释每个时刻的叙事背景成为一项艰巨的任务。这一连串的情节再次加强人物历史的厚重感，伊泽贝尔和丹尼之间不畏死亡的关系、和乔治之间亲密无间的关系——后者在第 3 季基于他们共同的丧亲经历而变得更加紧密，因为伊泽贝尔失去了丹尼，而乔治失去了父亲。此外，剧中服装的呼应和戏剧化运用也非常关键，服装构成情感的标记，并使这些场景定格为这部情节剧的高潮时刻。

朱利安·沃尔夫雷斯（Julian Wolfreys）在研究维多利亚文学时，借鉴了德里达的幽灵电影理论，他认为：

> 返回绝不是简单的重复，用以唤起一种先前的起源或存在，而总是一种对重复的补充，即有差异的重复。因此，返回看似是一种循环的运动，但更准确地说，它是一种折叠和展开的运动，它在看似完成自身的过程中，将我们带往了别处。借用丁尼生的话说，我们在许多场合读到的都是**相同但又不同**的形象。（2002：19）

虽然我在此所讨论的剧集没有采用这种模式，但电视完
60 全有可能呈现出一种离奇的回归时刻，使熟悉的事物变得陌生，相同但又不同。这些场景的核心作用正是在于：重复，但带着不同。在循环往复、强调瞬间意义的同时，它们推动了叙事的发展，使叙事模式打破了它所建立的（情感）期待。

《火线》（HBO，2002—2008 年）

延续对当代连续剧结尾和开头意义的讨论，作为最后一个例子，我想以美国"优质电视节目"大本营 HBO 的一部剧来结束本章。① 备受赞誉的美剧《火线》（*The Wire*）被认为是电视上最接近文学的作品，被其创作者称为"视觉小说"，广受评论界好评（参见 Mittell，2008：429），还有评论将这部剧的连环叙事追溯到 19 世纪的文化传统和狄更斯等人的连载小说。但在此，我无意探讨它的叙事，我感兴趣的是，这部剧连续性的特点及其与时间和记忆的关系（重复和循环、无穷无尽的感觉）何以成为这部五季剧的主题。

在整部剧中，我们见证了无法打破或摆脱其行为和阶层循环的人物。这点在剧中设定的代际更替模式中表现得最为明显，第 4 季出现的男孩们成为棋局中的各枚棋子——瘾君子、士兵、警察、痞子。玩家不断变化，但游戏不变。这在玛莎·金德（Marsha Kinder）看来，反而给人们提供了某种希望（2008）。最终，外号"泡泡"的长期瘾君子（安德烈·罗约［Andre Royo］饰）加入了姐姐的家庭餐桌；其中一个男孩纳蒙德（朱利托·麦克卡伦姆［Julito McCullum］饰）被寄养在前地区指挥官邦尼·科尔文（罗伯特·维斯

---

① 近年来，有大量关于 HBO 和/或美国优质电视剧的学术著作，参见 Nelson（2007），Leverette，Ott 和 Buckley（2008）。

多姆［Robert Wisdom］饰）家中（尽管这可能更像是换个阵营，而非逃离游戏）。然而，在该剧的大结局，狡诈的头目"干酪"（马索·曼恩［Method Man］饰）有一段反思性发言，唤起人们对玩家的可有可无以及对角色的替换和重复的思考：

> 看到了吗？你这样看的角度不对，因为乔有他的时代，被奥马尔终结了；然后马洛也有他的时代，虽然很短，也被警察终结了。而现在，混蛋，这是我们的时代。我的和你的。但你现在非但不来帮忙，反而站在那里哭哭啼啼，说什么关于过去的鬼话。没有过去了，黑鬼。没有怀旧，只有街道、游戏和今天在这里发生的事情。（第 5 季第 10 集 "30"）

61   最后，口齿伶俐的"干酪"因其对"提议乔"（罗伯特·F. 丘［Robert F. Chew］饰）的背叛，被近距离射中头部而亡。① 拼尽努力一路升迁的"干酪"被杀害丢弃，当众人驱车离开时，又一具尸体被抛弃在西巴尔的摩的另一块荒地上。

在《急诊室的故事》和《实习医生格蕾》中，"代际更替"是长篇电视剧中常见的手法。作为城市图景和环境决定论研究的一部分，这个概念具有政治学和社会学的维度。

---

① 在"多愁善感的混蛋"斯利姆·查尔斯（安万·格洛弗［Anwan Glover］饰）的视角下，其他人并没有对"干酪"的去世表示哀悼，其他集体成员只是对缺少了他的金钱贡献而感到不满。

《火线》中其他的连续性叙事手法也很明显：正如警察与毒贩之间的对照关系，或是贯穿全剧的关键词和短语如乐曲的副歌一般反复出现（参见 Kinder，2008：57）。例如，警探吉米·麦克纳提（多米尼克·韦斯特［Dominic West］饰）的惊叹"我他妈到底做了什么"在第 1 集中反复出现，而韦斯特在表演这句台词时的情感共鸣，也从一开始的傲慢不负责任，转变为倒数第 2 集中因同事姬玛（索尼娅·孙［Sonja Sohn］饰）差点被枪杀的深深愧疚。

尽管《火线》因其现实主义风格而备受赞誉，但它在每季结束时都会播放一段总结性的蒙太奇，在为个别剧集及其特定故事线画上句号的同时，也指向新的、持续的叙事线索，暗示着"生活仍要继续"。[1] 这些时刻可谓突出了这部剧的"建构"特点，也验证了杰森·米特尔（Jason Mittell）对当代电视剧叙事复杂性和景观性的看法。米特尔认为，"我们观看这些剧不仅仅是为了沉浸在一个真实的叙事世界中……也为了观看这些机制的运作，惊叹于实现这种叙事效果所需的工艺"（2006：35）。这些片段的自觉性体现为罕见地使用了非剧情的配乐，这种音乐的选择为蒙太奇镜头建立起时间框架，其实与《实习医生格蕾》等剧在结局的音乐尾声处理并无二致。

第 2 季和第 5 季的终结篇[2]则很有趣，因为蒙太奇镜头

---

① 肥皂剧的一个主要特点是，时间而非行动构成系列剧集叙事的基础，从而营造一种即使我们不再观看，生活仍旧继续的感觉。

② 第 2 季第 12 集"风暴中的港口"；第 5 季第 10 集"30"。

都是围绕某个特定角色展开的。这些片段通过倒叙的逻辑结构，营造出"生活仍要继续"的氛围，其作用还在于强调，个人在美国社会和政府的腐败和犯罪面前，始终面临一种被囚禁感和无力感，从而能在视觉上表现关于动态和静止的主题。在第 2 季结尾的蒙太奇中，被铁丝网框住的尼克·索博特卡（巴勃罗·施瑞博尔 [Pablo Schreiber] 饰）抓住铁丝，这一画面极具象征意义，构成这个剪辑片段的主线（见图 2.9）。他是搬运工人工会领袖弗兰克·索博特卡（克里斯·鲍尔 [Chris Bauer] 饰）的侄子，而后者在贪污受贿后被谋杀。

图 2.9 尼克·索博特卡，

《火线》第 2 季第 12 集 "风暴中的港口"

（罗伯特·F. 科尔斯贝利导演，Blown Deadline 制片公司、HBO 制片，美国，2003 年）

　　这个画面有意与上一集弗兰克的形象相呼应，让人想起尼克与叔叔最后一次见面的场景（见图 2.10）。这部剧第 2 季的重点是巴尔的摩港口，工业的衰落及其对一个白人男性工人社区带来的影响交织着衰败、丧失之感。在史蒂夫·厄尔（Steve Earle）乡村摇滚歌曲《我感觉还好》（*I Feel Alright*）的伴奏下，这个场景以一段展现了空旷荒废的码头堆场的快速剪辑画面结束，然后回到尼克的形象。尼克的叔叔被杀，表哥入狱，他未能通过非法或合法的手段逃离港口。此时尼克被困在栅栏后面，俯瞰着封闭的工厂，这个画面的象征性效果通过创作者对剧情声音的回归和运用得以强化：港口寂静无声，雨滴悄然落下。

图 2.10　弗兰克·索博特卡，《火线》第 2 季第 11 集"噩梦"

（厄内斯特·R. 迪克森导演，Blown Deadline 制片公司、HBO 制片，美国，2003 年）

在讨论《急诊室的故事》第1季中马克·格林的形象时，雅各布斯认为，"其最后的画面被未来的各种可能性萦绕"（2001：437）。同样，此处尼克的最后画面也被过去和丧失的未来萦绕。这其实并非我们最后一次见到尼克，第五季里他也曾短暂地再次出现，在一个新港口改造项目的开幕式上对着市长卡塞蒂（艾丹·吉伦［Aidan Gillen］饰）起哄。① 在这次亮相中，他成了第2季遗留下来的人物，但他引发了一系列关于人物和叙事的联想与共鸣。随着尼克被保安带离现场，市长问他的助手："那个人到底是谁？"答曰："就是个无名小卒，市长先生。谁也不是。"这对话的讽刺意味掩盖了尼克的出现对于观众的重要意义，但这同样也是对尼克在剧中"现实世界"社会阶层下落的注脚。

在此，我们有必要思考一下这些形象——碎片式的段落、尼克的再次出现以及悲剧性的工会领袖弗兰克的破旧竞选海报，是如何触动观众情感的。在第3季的结尾蒙太奇中，虽然只是一闪而过，但弗兰克的海报被有意地呈现在一个一镜到底的场景中。镜头掠过一块贴着破旧的重新选举海报的广告牌，然后又移开，奥马尔（迈克尔·K. 威廉姆斯［Michael K. Williams］饰）正将杀死斯金格·贝尔（伊德里斯·艾尔巴［Idris Elba］饰）的枪扔进码头水域。在这个时刻，故事情节的交汇可以产生多层次的联想和解读，而这张海报对于忠实的观众来说，则是一个充满意义的记忆

---

① 第5季第6集"狄更斯面面观"。

线索。

　　这些剧中人物归来的时刻可以是纪念性的，可以是戏剧性的，也可以是转瞬即逝和伤感的，正如《火线》里展现的这些例子，抑或《六尺之下》中纳特在汽车反光镜中远去的倒影。这些刻意简短和轻描淡写的时刻让我又想起朱利安·沃尔夫雷斯对叙事的幽灵运动的思考。这种折叠和展开 64 运动的最佳特征，也许就在于瞬间出现的短暂性、记忆痕迹的层次性，以及归来又离开所形成的节奏起伏。于我而言，这似乎就是观看电视的最大乐趣与收获。此外，在我看来，尽管出现了 DVD 套装等新的消费形式，这种节奏依然存在。即便观众通过调整进度条对于回归的模式有了更多的掌控，但这些电视文本仍然会反复进出我们的生活。这种现象使重复的形式、作用和乐趣更加引人入胜，我将在本书第四章和第五章中继续探讨这一问题。在本章中，我试图通过分析倒影和记忆的表征、代际更替的体系以及模式和联想的生成将不同的例子串连起来；但同时，它们也都是表现死亡的案例。这些归来的时刻可能"将我们与死亡相连接"，不仅在文本之内，也在文本之外，从而使我们的生活背景与电视剧讲述的故事联系在一起。

65

第3章 《客从何处来》:
家族史纪录片中的记忆与身份

在过去的五年，英国电视台成功地将家族史研究转化为一种全民消遣的创意。其中，由"无处不在"电视公司制作的纪录片《客从何处来》(*Who Do You Think You Are?*) 开创了采用家族史和记忆作为电视叙述策略的先河。该剧第1季 2004 年秋季播出便广受好评，成为 BBC 第二频道收视率最高的节目之一。2006 年，该剧被提升至 BBC 第一频道播放。截至撰写本书时，该纪录片已播出 7 季，总集数达到 60 集，其创意的成功源自对各种电视名人家谱的调查。根据《客从何处来》的叙述者伊安·西斯洛普（Ian Hislop）的说法，深入了解家谱背后的故事可能确实让委员们相信"家族史并不枯燥乏味，而是令人惊讶的值得关注的商品"（参见 Rowan，2005：12）。正如凡妮莎·索普（Vanessa Thorpe）在《观察家报》 (*The Observer*) 上评论的那样，"英国人现在对家族史研究的热爱就像他们对园艺或 DIY 的热爱一样多"（2004）。当然，这不仅仅是一种英国现象，该剧在国际上也取得了成功，被出售给西欧和其他地区的广播公司，并在加拿大、瑞典、波兰、爱尔兰、澳大利亚和北美电视台都衍生出多种版本。

在艾琳·贝尔（Erin Bell）和安·格雷（Ann Gray）主编的《历史的电视化》（*Televising History*）一书中，《客从何处来》在历史节目热潮中被认为是"极其重要的"（2010：8）。英国电视荧幕上随后出现了大量以家族史研究作为调查性叙事结构的节目。节目包括介绍名人家族史形式的《消失的英国》（*Disappearing Britain*）（英国第五频道，2006 年），这是由"证词电影"公司制作的 3 集纪录片，展现了一位名人追溯社会历史与个人意义交织的故事；《你不知道你是谁》（*You Don't Know You're Born*）（ITV 第一频道，2007 年），由"无处不在"电视公司制作，请节目嘉宾体验他们祖先的生活方式；《帝国的孩子》（*Empire's Children*）（英国第四频道，2007 年），同样由"无处不在"电视公司制作，追溯了大英帝国对六位英国名人及其家族的影响和遗产。

此外，还有一些关于名人家族史的反向节目形式。例如，在《我的名门望族》（*My Famous Family*）（UKTV 历史频道，2007 年）中，比尔·奥迪（Bill Oddie）向毫不知情的公众揭示其代际秘密；《你认为你是皇室吗?》（天空电视台第一频道，2007 年起）则试图"给声称拥有皇室血统的英国家庭一个追溯其遗产的机会"（Thompson，2005）。非名人家族史节目包括《家族纽带》（*Family Ties*）（BBC 第

66

四频道，2004—2006 年），最初随着《客从何处来》一起播出；《不被遗忘》（*Not Forgotten*）（英国第四频道，2005年）是由"无处不在"电视公司制作的一次特别节目，共四部分，追踪第一次世界大战士兵的后代；《百分百英国人》（*100% British*）（英国第四频道，2006 年）是另一部由该公司制作的纪录片，侧重基因分析，以挑战参与者的（民族主义）假设；《最后的奴隶》（*The Last Slave*）（英国第四频道，2007 年）则是一部为纪念英国废除奴隶贸易 200周年而委托制作的纪录片，跟随一位伦敦人追溯他的家族历史直到奴隶起源。① 除此之外，家族史也成为叙事与调查形式的一部分，出现在日间节目和生活方式节目中，如《历史之谜》（*History Mysteries*）（BBC 第二频道，2006 年）、《基因侦探》（*Gene Detectives*）（BBC 第一频道，2007 年）、《继承人追踪者》（*Heir Hunters*）（BBC 第一频道，2007 年起）、育儿系列节目《从未伤害我》（*Never Did Me Any Harm*）（英国第四频道，2007 年）和美食节目《我的生活之味》（*A Taste of My Life*）（BBC 第二频道，2006 年）。

　　电视制片公司"无处不在"显然能利用其首创《客从何处来》的制胜模式，制作一系列其他相关节目，但没有一个节目能取得这部"原始"纪录片那样持续的国际性的成功。那么，是什么让《客从何处来》形成如此重要而独

---

　　① 学者兼纪录片制作人保罗·科尔（Paul Kerr）在他的文章《英国电视历史节目的谱系》（"The Genealogy of a British Television History Programme"）（2009）中谈到了《客从何处来》对这部纪录片制作的影响。

特的成功现象呢？它被其制作人亚历克斯·韦斯特（Alex West）称为"《今日历史》（*History Today*）和《盗火线》（*Heat*）"的混合（参见 Deans，2004），"象征着新近专注于公共服务的英国广播公司应该做的那种节目：思想严肃，但又通俗易懂"。[①] 该剧的大众吸引力的一部分在于它借助了观众对名人的关注，但也离不开它满足了调查者和观众在个人和情感层面上体验历史的渴望。因此，《客从何处来》显然符合近期历史类电视节目的发展趋势，英国历史学家和主持人崔斯特拉姆·亨特（Tristram Hunt）将其描述为"现实历史"。[②] 通过将个人置于公共或社会历史理解的中心，该系列纪录片将家族史和记忆视作过去和现在之间的桥梁。 67 "无处不在"电视制作公司将《客从何处来》描述为一个"以名人为特色的节目，他们将踏上探索祖先过去的旅程，最终发现更多关于他们自己、他们的家族以及我们共同的社会的历史"（Wall to Wall，2006）。通过保持"严肃的态度"并要求个人故事"与加勒比移民、印度独立、世界大战、工业革命等重大议题相吻合"（Brown，2004），该节目制作

---

① "……关键是在裁员后的 BBC，由一家独立制作公司制作。难怪总导演马克·汤普森（Mark Thompson）在最近的演讲中引用了这部纪录片。"（Brown，2004）

② 亨特（Hunt）列举了另一部"无处不在"公司的成功作品《英国维多利亚住宅狩》（*The 1900 House*）（英国第四频道，1999 年），将其视为"这种'体验式历史'类型的先驱节目……它很容易让人产生共鸣，但现实历史却未能让人对过去的基本结构提出更多的问题"（2005）。近年来，亨特也对《客从何处来》进行了批评，认为"电视历史现在更多的是在自我放纵地寻找我们的身份，而不是试图解释过去及其现代的意义"（2007）。

人还将他们对不同人物的家谱调查，编织成一部可能更具包容性的英国历史和英国国家认同史。而选取这些知名人物显然是为了提供一种更具包容性的"英国性"视角。

《客从何处来》的这种融合以及对作为知识模式的情感和经历的聚焦，是其在英国广播公司的宣传话语中取得成功的核心。然而，我们也可以将这些特征与该系列对记忆的强调联系起来。柯文·克莱恩（Kerwin Klein）写道："我们有时将记忆当作历史的同义词，'软化'我们的措辞，使历史显得更人性化和更易被理解。记忆听起来距离我们不那么遥远，也许正是因为如此，它常常有助于普通读者了解历史与其自身生活的相关性。"（2000：129）像《客从何处来》这类形式的记忆叙事可被视为"软化"社会历史纪录片的一种方式，成为一种吸引大众的策略以及当代英国电视情感化趋势的一部分。

虽然记忆可被视为与历史有一种更感性和"柔和"的联系，但记忆的流动性，即记忆作为一个处于不断被创造和消逝的状态和过程，对我们解读家族史纪录片至关重要。正如亚历山德罗·波特利将记忆描述为"联结的永恒工程"，《客从何处来》的追溯叙事也突出了家族谱系中的联结工程，即建立并强调其间的联系。这项工程的形式也与后记忆文本中的转移行为（Hirsch，1997；2008）以及对理解记忆文本的线索与碎片追溯相关（Kuhn，1995）。这里提及的每点似乎都与该剧展示的活动吻合，下文也将进行更详细的讨论。联结工程还强调了建构、阐释和想象式代入在记忆生成行为中的作用——其意义由调查者、节目制作人和更广泛的记忆文化框架的需求和愿望塑造。① 然而，由于《客从何处来》里的调查者对现成线索的追踪，联结工程立马变得复杂化。在某种意义上，它是没有文本的记忆，一种被表演和戏剧表现出来的记忆文本。 68

　　通过重点分析其中的文本和叙事传统、"旅程"的转义和家庭摄影的使用，我想思考该纪录片如何呈现记忆的生成。根据迈拉·麦克唐纳（Myra Macdonald）对电视纪录片传统及其如何促进和限制记忆文本的研究，我认为该系列纪录片的形式不仅开启了对英国多元文化遗产的视野，同时又通过强调积极的文化公民身份，关闭或"驯服"了我们与有争议历史和身份认同的关系，因而这种形式揭示了记忆与遗忘的相互交织。虽然"旅程"的概念框定了格式化的叙事，但这种叙事能够在国际传播，也说明了不同国家对纪念的热衷、铭记模式与电视语言。

---

　　① 彼得·夏洛克（Peter Sherlock）关于重塑近代早期欧洲记忆的研究成果令人着迷，它揭示了记忆的理解和使用的历史特性。在探讨记忆与文艺复兴和宗教改革时期身份构建的关系时，他认为"彼得拉赫及其后继者试图重塑记忆，不是将其作为一种回忆过去的实践，而是作为一种自我投射到未来的方式。这种'对名声的新强调'以及寻找与过去家谱联系的愿望，导致从 15 世纪起，编写家史的数量增加了"（2010：36）。家族史的作用是凝聚忠诚，纪念名门望族的世系。为了增加可信度，家族经常重写自己的历史，让传令官及其同僚为其塑造神话（2010：37）。

情感之旅

海伦·韦恩斯坦（Helen Weinstein）曾谈到，人文故事所提供的"情绪吸引"是如何成为历史类电视节目制作人的动机和创意决策核心的。[①] 必须承认的是，强调情感和体验、"软""硬"通用形式的模糊化以及私人和公共领域的交集，构成电视节目中更广泛趋势的一部分。电视研究学者已经就脱口秀（Shattuc，1997）、纪实节目（Bondebjerg，1996；Brunsdon et al.，2001）、真人秀（Biressi and Nunn，2005）等节目中的这一趋势进行了大量讨论，而这些形式显然都影响了《客从何处来》。

尽管这些特征在电视的历史呈现中并不少见，但值得关注的是《客从何处来》的大众吸引力，及其艺术表现和市场营销中固有的情感主义和轰动效应。与其将此视为电视"低俗化"的标志，不如说这个节目激发了情感，至少在BBC内部的话语中，情感成为其节目价值的关键。正是对比尔·奥迪（Bill Oddie，喜剧演员兼主持人）和杰里米·帕克斯曼（Jeremy Paxman，电视记者）的故事讲述和本身个性所激发情感的关注，为媒体提供了宣传焦点，《客从何

---

① 《叙事策略和情感参与：英国电视历史作品体裁和格式如何吸引观众》（Narrative Strategies and Emotional Engagement：How Genre and Format Deliver Audiences in UK TV History Products），"电视的历史化：记忆、民族、身份"会议（在林肯大学举行，2007 年 6 月 13 日至 15 日）。

处来》第 1 季和第 2 季的序幕分别以此拉开。① 凯瑟琳·约翰逊（Catherine Johnson）在总结流行论点时指出，与其认为"这种融入了个体性和情感性并使用名人的做法是纪实类节目的倒退，或者是以牺牲 BBC 的公共服务职责为代价，让步于民粹主义"，不如说，这种融合构成了该剧创新与成功所在（Brunsdon et al.，2001：41）。2005 年 3 月 18 日，当约翰·威利斯（John Willis）在《事实论坛》（*Factual Forum*）节目发表讲话时，谈到了《客从何处来》在近期 BBC 第二频道其他纪录片里的特点：

> 上个月，BBC 第二频道同时播出了《奥斯维辛》（*Auschwitz*）、《部落》（*Tribe*）和《米切尔与凯尼恩的失落世界》（*The Lost World of Mitchell and Kenyon*）。它们风格迥异，不仅引得众多好评，收视率也远超预期。这些节目加上去年秋季"无处不在"电视公司制作的热门节目《客从何处来》，都表明观众对传统纪录片的优点有着明显的需求，例如有力的叙事和真实的洞察，但无论是借助名人还是戏剧性重构，都能让人感到现代、贴近生活。（2005）

名人和情感都是《客从何处来》的宣传核心，被认为

---

① 《每日镜报》（*Daily Mirror*）的电视指南评论说，"这是让电视硬汉杰里米·帕克斯曼哭了的著名节目"（Anon，2006：19）；塞尔·布莱恩（Ciar Bryne）在《独立报》（*The Independent*）上写道："很少有人想到会在电视上看到这样的场面——杰里米·帕克斯曼，这位最凶猛的政治采访者，泪流满面。"（2005：5）

是 BBC 开始吸引更多大众的标志，即为观众提供既“严肃”（传统纪录片的优点）又“娱乐”（借助名人）的节目。将名人与“真实的人”结合，或者将名人定位为“真实的人”，加之观众可在家与家人一起观看，以及节目对个人记忆和情感的揭示，都将这部纪录片与历史类节目之外一系列公认的电视类型——忏悔类脱口秀、名人脱口秀以及可能不明显的形象改造节目——相关联。夏洛特·布伦斯顿（Charlotte Brunsdon）写道，当代生活类节目的重点是“节目制作者所谓的‘揭示’，即向最亲近的人和观众展示被改造的人或地方”（2001：55）。通过使用极致的特写和反应镜头，揭示真相的时刻几乎总是被编码为“情绪化”和“戏剧化”的。这系列纪录片中，帕克斯曼略显反常的流泪，就是一个特别的例子。①

帕克斯曼独自坐在布拉德福德登记处一间普通的房间里，摘下眼镜，对祖先死亡证明的细节默不作声。镜头似乎急于记录下这一“真实”情感的场景。帕克斯曼重复了验
70 尸官报告的结论，并再次表露了他的情感。帕克斯曼再次摘下眼镜，仿佛展示他“个性”中不为人知的一面，但随后用手稍微遮住脸，以躲避摄像机窥探的目光。帕克斯曼“崩溃”时的特写镜头揭示了其自身的操纵策略。这一刻，节目努力试图激起帕克斯曼和观众的情感反应，从而削弱了节目对“真实性”的构建。然而，镜头探究式的凝视也突

① 《客从何处来》，第 2 季第 1 集（BBC 第二频道，2006 年 1 月 11 日）。

出了名人作为调查的代理人和主体的角色。

迪米特里斯·埃莱夫塞里奥蒂斯（Dimitris Eleftheriotis）在其著作《电影之旅》（*Cinematic Journeys*）中追溯了不同类型的运动及其与 19 世纪出现的特殊主体性模式的关系，即一种"将快乐与获取知识、娱乐与自我提升相结合"的模式（2010：76）。通过研究不同电影对探索、发现和揭示运动及旅程的呈现，埃莱夫塞里奥蒂斯采用一种"主动性/被动性"的概念辩证法，认为这些电影所呈现的旅行者既是"一个积极的观察者与探索者"，同时又如"一个被邮寄和被探索的包裹"。他继续写道："旅行不仅会发现令人惊叹的新地方和新体验，还会促进对自我的探索。因为旅行会揭示新世界和隐藏的情感、记忆或创伤，使旅行者在掌控运动的同时，又受其影响。"（2010：77）虽然《客从何处来》的探索涉及时间、历史和空间，但里面的旅行者同时处于"探索和被探索"状态。

基于这样一种调查叙事结构，该系列纪录片里的名人踏上了一段身体和情感之旅。生活类节目中充斥着关于转变和改善的叙事，《客从何处来》则试图鼓励人们从历史和情感两方面去解读自我认知的历程，将其作为自我提升的一种手段，描绘自我揭示如何导向自我意识。[1] 该剧在疗愈方面采用了一种"后记忆文本"形式，对于一些名人参与者来说

---

[1]　正如亚历克斯·格雷厄姆（Alex Graham）在 2004 年所说，"这不是一个非常复杂的提议。它讲述的是你感兴趣的人，而且也许是带他们踏上不可预知的情感之旅"（参见 Brown，2004）。

颇有益处。比尔·奥迪曾说："这并非好奇心，这个旅程是一种自我救助。"而对其他人来说，虽然他们在节目中表现出的情感流露构成一种景观，但他们对节目组提前规定好的解读更为抵触。杰里米·帕克斯曼（Jeremy Paxman）就评论道："我从对我的家族背景的深入调查中学到了什么？我有一种很深的印象，制片人希望我说这段经历在某种程度改变了我的生活，但事实并非如此。"（2006：19）

71　　马克·劳森（Mark Lawson）在《卫报》（*The Guardian*）上评论，《客从何处来》"有一种《英国铁路纪行》（*Great Railway Journeys*）的感觉，但里面的地理却是私人化的"（2004）。对于该剧而言，旅程的比喻或许才是最重要的。虽然旅行包含了调查者任务的单调行程，例如肉身在某些剧集中穿越全国甚至全球，到达图书馆和档案馆，穿梭于尘封的历史长廊等，但《客从何处来》中的旅程具有隐喻意义，它是一次自我发现的情感之旅。正如演员兼小说家梅拉·斯尔（Meera Syal）在她的印度之旅结束时所言："即使只追溯到上一代，你也会在旅途中经历很多。"①

　　在《客从何处来》第1季第1集中，比尔·奥迪对家族史的追溯主要集中于母亲莉莉安的故事上。②莉莉安患有严重的精神疾病，在奥迪的童年时期曾住院治疗，并在医疗机构度过了生命的大部分时光。奥迪对母亲的故事知之甚

---

① 《客从何处来》第1季第9集（BBC第二频道，2004年12月7日）。
② BBC第二频道，2004年10月12日。

少，对她的记忆也少之又少，因此家庭照片成为奥迪焦虑的
根源，促使他寻找个人意义与记忆。值得关注的是，正是在
对旅途的呈现和奥迪开始调查时，他所拥有的四张母亲的照
片被插入纪录片中。观众通过镜头从行驶的汽车内看到的灰
蒙蒙的伯明翰郊区场景，被年幼的奥迪及其母亲的黑白照片
中断了。创作者将照片从其原语境中抽离，以便观众的注意
力聚焦于此，并把照片从右向左插入画面。伴随着画面移动
的是一种熟悉的"急速飞驰"的声音，如同两辆车擦肩而
过。在移动镜头的衬托下，照片插入画面的动作配上这种音
效，让观众感觉照片构成了从车上所看风景/城市景观的一
部分。在此情境下，地理实际上已经变得个人化了。这张合
照之后，是三张奥迪母亲的照片。照片的质感、色彩和构图
都清晰地显示它们是业余拍摄的家庭照片，但本片依然将它
们纳入传记式的时间尺度中。家庭相册或许是我们很多人都
熟悉的一种摄影收藏和展览的方式，它将图像叙事与我们的
个人记忆联系在一起。这个案例的有趣之处在于，通过对话
和这几张图片的展示，向观众揭示了奥迪自身只保留了很少
的家庭相片，反映出他对母亲与相关故事缺乏记忆与了解。
对奥迪而言，叙事意义的缺失是焦虑、不安和追求意义的原 72
因。节目伊始，奥迪就披露了自己的心理健康问题，他自己
也猜测他与母亲的关系可能是他抑郁的根源。我们或许可以
说，这个片段对照片的展示和排列，揭示了这种焦虑，即在
理解或"完结"（closure）方面的缺失与渴望，因而使我们
能够将照片对奥迪和纪录片的意义与治疗性话语联系起来。

在这个片段中，随着镜头聚焦并放大照片，每一张照片在切换时镜头又在拉远，给人一种目标虽然在靠近，却始终无法触及的感觉。这种效果通过照片的交替移动而加强，第一张照片从右向左滑入画面，而随后每一张新照片的移动方向都与前一张相反。同时，配乐中钢琴旋律的重复强调了没有高潮或结局的连续感。

值得注意的是，这个片段并没有讲述照片中莉莉安的故事，而是强调奥迪关于这些照片的经历。对话中揭示的是他个人对照片的回忆，而非照片如何构成了一段记忆的见证。如他本人所言："当我回顾童年时，脑海中浮现出差不多四个与我母亲有关的画面。它们就像电影中的场景，就像影片中最精彩的部分……就像预告片一样，但我却从未看过这部电影。"照片谜团、没有明确索引和关联的图像，往往是《客从何处来》进行追溯的核心驱动力。作为纪录片，它既是对我们社会历史各个方面的调查，也是自我发现的故事，而其中对国家风景的呈现则基于个人与情感建构而成。这一点通过个人化的地理插入和中断画面，在该片段中一览无遗。

家庭档案的戏剧化

在家族史纪录片中，对家族照片的呈现是一个关键的文本和叙事策略。家族照片既是一个与更宏大的历史叙述相交会的通道，也是将观众与调查对象相关联的锚点。在《客

从何处来》中，家庭照片是这些名人踏上旅程的起点。通
过照片的使用，这一旅程既是调查之旅，也是情感之旅。探
访父母或年长的亲戚往往有助于引入家族照片，这些照片在
整个节目中反复出现，用以展示这些名人与其调查对象之间
的联系，搜寻尚留在人们记忆中的任何细节。这些家族照片
在纪录片中紧接着就开始发挥两种作用：一是作为证据来
源，与各种档案中的其他历史文件（信件、报告、出生/死
亡证明）共同呈现，以验证记忆和历史的口头叙述；二是
作为调查者与调查对象之间的情感连接，通过各种表现手法
将观众带入这种连接。

　　在此，玛丽安·赫希（Marianne Hirsch）极具影响力的
"后记忆"概念非常具有启发性，它不仅与《客从何处来》
所展示的"代际转移行为"（2008：106）有关，而且涉及
该节目依靠家庭摄影来讲述故事的形式。赫希写道，后记忆
与过去的联系是通过"想象式代入、投射和创造"这样的
中介来进行的，而非直接回忆。这种联系既可以是家族式
的，也可以是附属性的。她认为：

　　后记忆的文本**重新激活**和**重新体现了**更遥远的社
会/国家、档案/文化的纪念性结构，为它们重新注入能
引发共鸣的、个人的和家族的媒介化与审美表达形式。
因此，即便受影响较小的参与者依然能参与后记忆的生
成。即使在所有参与者甚至其家族后代都去世后，后记
忆仍然可以持续存在。（2008：111）

73

　　这类家族照片与叙事被到处运用于公共纪念场所，它们引发共鸣的前提是，"家庭观念的力量"和"界定家族照片和叙事的相互承认形式"（2008：113）。虽然在这系列纪录片中，照片在调查主体和档案之间开启了一系列潜在的情感互动和想象投入，但这些相互承认的形式也指向共同的记忆和纪念实践。可以说，正是这种形式将观众带入了历史调查和记忆制造的策略中。

　　在此，我对档案尤为感兴趣，特别是家庭的照片档案如何以动画或戏剧化的方式服务于调查者的经历、需求、愿望及节目制作人的叙事策略。① 例如，我们可以称之为"照片谜团"的呈现往往是《客从何处来》追溯历史的关键，与现有图像档案相关的记忆或知识的缺乏，则成为叙事的驱动力。比如《客从何处来》第 2 季关于女演员谢拉·汉考克（Shelia Hancock）的一集，就采用了这种调查策略。在这集中，她试图确定其家族收藏的照片中一位有魅力的富家女的身份。② 与瓦尔特·本雅明（Walter Benjamin）著名的摄影具有"神奇的价值"论断相类似，彼时的他看着一张摄于 19 世纪的纽黑文渔妇的照片，产生了"难以抑制的强烈欲望，想知道她的名字，想知道当时还活着的这个女人是谁"

---

　　① 参见约翰·科纳（John Corner）（2006）对《威斯康星死亡之旅》（*Wisconsin Death Trip*）（导演：詹姆斯·马什［James Marsh］，2000 年）的分析，以及霍尔兹沃思（2006）和霍格（2010）对《拍摄往事》（1999 年）的研究，都涉及了档案美学和讲故事的形式。

　　② 第 2 季第 2 集（BBC 第二频道，2006 年 1 月 18 日）。

（1999：510），汉考克也表达了她毕生都想弄清这位女士身份的愿望。

正如前文对奥迪一集的分析所强调的，摄影之谜的叙事框架不可避免地通过照片的展示、故事的情节安排、声音和图像的重叠得到加强。卡伦·卢瑞（Karen Lury）曾写过一篇有启发的文章，研究了转台摄像机效果带来的思考："转台摄像机的频繁使用调动了静态摄影图像，使视点围绕图像移动，仿佛在'寻找'某些东西。但这究竟是什么，可能并不完全清楚"（2003：103）。这似乎回应了摄影唤起的"体验错觉"[①]，用玛丽塔·斯图尔肯（Marita Sturken）的话说，"记忆似乎驻留在摄影图像中，在我们的注视下，讲述它的故事"（1997：19）。在满足呈现动态影像需要的同时，特写镜头的移动也表达了"探寻"这些图像"真相"，和更深入了解其主题的愿望。特定图像的布局和重复贯穿于调查叙事，将所追求和获得的"认知错觉"戏剧化。

《客从何处来》第 6 季第 10 集讲述了女演员金·凯特罗尔（Kim Cattrall）对其已失踪的祖父乔治·鲍（George Baugh）的调查，他在 1949 年抛弃了妻子和三个女儿。[②] 虽然该集打破了剧中已确立的形式结构，将重点放在一个特定的故事上，但它对照片的呈现阐明了照片在该系列纪录片中的展演功能。在利物浦探望母亲和姨妈时，凯特罗尔看到一

---

① 瓦尔特·本雅明（Benjamin, 1999）、苏珊·桑塔格（Sontag, 1977）和罗兰·巴特（Banthes, 1980）关于摄影的主要著作都表达了这一观点。

② BBC 第一频道，2009 年 8 月 12 日。

张 1934 年婚礼场景的破旧泛黄照片。照片中，一家人坐在一栋双层维多利亚风格房屋外的过道上。随着特写镜头切换，在姨妈的指认下，凯特罗尔才看到照片里还有谜一般的乔治·鲍，摄影时他正从右窗户一角的网帘里探出头观望。此时，纪录片中的几位女性角色也在猜测身为新郎的乔治·鲍为何不愿被拍照。在凯特罗尔的调查过程中，这张照片又出现了两次。在最初探访家人后，她回忆起乔治的性格，这张照片也被插入到凯特罗尔的回忆中。转台摄像移至年轻的她凝视窗外的特写镜头，其间伴随着她对祖父行为的质疑：他为什么要这样做，"他脑子里到底在想什么"。后来，这张照片以同样的方式第三次被呈现，用于揭露乔治曾于 1948 年偷渡到一艘前往美国的轮船上。离家一个月后，他最终回到妻子身边，并生下第三个女儿。凯特罗尔在片中说："我在拼凑一个除了自己的欲望和需求之外，完全没有责任感的男人。"在这些场景中，对这张乔治不愿参与婚礼庆祝的可疑照片有不同的解读：在照片首次出现时，乔治是一个神秘的人物；第二次起则逐渐体现了他行为的自私性；最终，片中曝光了他重婚的事实。

　　其后，照片仍然是凯特罗尔追踪的重点。在去见乔治第二任妻子伊莎贝尔的亲戚时，她这样说道："我真的希望能找到一张照片。我希望能在他的脸上找到一丝遗憾或悔恨的迹象，因为我认为抛弃三个女儿总有后果的。"在拍摄过程中，凯特罗尔找到了一系列家庭照片——在阳光明媚的海滩度假、乔治新家庭移民澳大利亚郊区的富裕生活写照等，这些照片证实了凯特罗尔对他性格冷漠的猜测："他看起来并不像一个会花时间思考过去的人。他只活在当下，从不回头。"

在此，乔治·鲍的故事及其性格主要是通过对一系列照片的"解读"构建的：这些后来阳光明媚的家庭照片，不禁让人解读为与开头暗淡黑白的老照片形成强烈对比。在那张黑白照片里，凯特罗尔的祖母玛丽安站在联排露台的院子里，她戴着羊毛帽和手套，外套扣到脖子，面带微笑。拍摄这张照片的背景是第二次世界大战前利物浦的贫困和失业潮，以及玛丽安及其女儿们所经历的苦难。这些照片凸显的生活反差，让凯特罗尔、她的母亲和姨妈们感到更加愤怒。

在这一集中，"想象式代入、投射和创造"的形式连同家庭档案共同发挥着作用，并与名人之间产生了张力，从而强化了这种形式。与帕克斯曼的案例一样，《客从何处来》在试图揭示人物"真实自我"（主要是通过流泪的情感表现）的同时，在面对名人对档案的自发回应和节目制作人对这一回应的管理之间，保持着微妙的界限。节目制作人为名人的后续追踪预设了线索，而名人则是"职业表演者"。后者固有的张力在"名人"与"普通人"身份相遇时表现得淋漓尽致，对该片所构建的记忆和铭记形式产生了影响。例如，凯特罗尔与她在《欲望都市》（*Sex and the City*）（HBO，1998—2004 年）中所饰演的角色截然不同。她饰演的萨曼莎·琼斯大胆、傲慢、极度自信，而凯特罗尔的声音则柔和得多，她沉着、温文尔雅、令人肃然起敬。凯特罗尔

76

在国际上取得了巨大成功，与这部纪录片常见的 BBC 名人相比，她的名气也更接近好莱坞水平。作为一名专业演员，她在镜头前的从容不迫与其家人在镜头前的不安形成鲜明对比。这使她具备一定的主动权，能够有效地掌控所分享的回忆和故事。乔治第二任妻子伊莎贝尔·鲍（Isabel Baugh）的亲戚，年迈的梅西和她的女儿谢拉，也一直赞同凯特罗尔对乔治的解读。她们最初将乔治描述为一个顾家的好男人，一个"和蔼可亲"的叔叔。但当凯特罗尔得知乔治移民澳大利亚时，她对此做出了尖刻的回应，将这一行径解释为又一次"无耻的"自私行为，认为他使其第二任妻子心碎并被迫与家人分离。此时，梅西和谢拉表示了对凯特罗尔观点的认同。从最初梅西将乔治的行为描述为令人震惊且违背其性格，到后来，当她回忆起与伊莎贝尔含泪分离时，她的声音颤抖了。在凯特罗尔的叙事影响下，乔治从另一个角度被重新记起，因为他也自私地拆散了梅西的家庭。

在此，我并不是说凯特罗尔有意识地操纵了共享的记忆，而是说普通人受到她作为名人和专业表演者的影响。梅西表示很荣幸见到她，当"采访"结束时，她明显放松下来，贴心地给客人倒了一杯茶。同时，虽然可以理解，但凯特罗尔对乔治性格和人生故事的解读有偏颇，不可避免地影响了回忆过程和对家庭档案的解读。这种解读在凯特罗尔回去看望母亲和姨妈时的重复讲述中，被重新加工和不断重申。在此，凯特罗尔通过所收集的影像，以家族策展人的身份回归并讲述了这个故事。她有意识地把握时机和戏剧效果，在递交照片前都有一系列的前言和停顿，让其家人有时间对每张照片做出反应。

《客从何处来》中的表演和家庭照片的核心作用，展示 77 了关于邂逅家庭档案时富有想象力的代入以及从中衍生出的各种故事。在某些方面，凯特罗尔这一集是独一无二的，因为它关注的是一个特殊的家庭之谜，但这个故事的特点揭示了电视真人秀中"对戏剧性的渴求"（Piper，2004：274）的策略和紧张关系。这种欲望也可能与马丁·萨尔（Martin Saar）将家谱作为一种修辞叙事工具的讨论相关。萨尔认为，家族谱系"从戏剧化的姿态中获取重要源泉"，围绕"范式性的时刻"塑造故事，从而生成一种与"宏阔的历史脉络和发展"相连接的视野（2002：329）。

随着将名人与这些"宏阔的历史脉络"联系起来，书面档案文件既是证据的来源，也是情感的维系点。书面文字本身的"官方"证据往往会引发情感反应。帕克斯曼宣读其祖先的死亡证明，斯蒂芬·弗雷（Stephen Fry）打开一份详细介绍其亲人命运及"奥斯维辛"一词的恐怖文档①，莫伊拉·斯图尔特（Moira Stuart）面对多份关于奴隶主及其奴隶名单的记录②——这里的每个时刻都打破了名人的镇定情绪。与转台摄像机"翻阅"照片图像类似，在历史文献中发现的姓名和日期也会作为证据，往往以特写镜头的方式

---

① 《客从何处来》第 2 季第 3 集（BBC 第二频道，2006 年 1 月 25 日）。
② 《客从何处来》第 1 季第 6 集（BBC 第二频道，2004 年 11 月 16 日）。

被呈现。另一种不同形式的想象式代入在此发挥作用，强调文件的历史光环及其作为证据的力量。这更加接近德里达的"档案热"而非本雅明的摄影"神奇的价值"。这些与档案的情感邂逅，彰显该系列纪录片中记忆的物理场所具有的意义，指向了与记忆其他形式的相遇。

空白空间与记忆文本

《客从何处来》中电视人物的调查活动，即拼凑呈现给他们的谜题，或许与安妮特·库恩（Annette Kuhn）对"记忆文本"的描述相关。她在《家族秘密》中写道：

> 过去一去不复返。我们无法回到过去，也无法恢复过去的模样，但这并不意味着我们失去了它。过去就像犯罪现场：如果行为本身无法挽回，它的痕迹仍然可能存在……记忆文本与调查形式有很多共同之处。后者，如侦探工作和考古，包含着逆向工作——寻找线索，破译符号与痕迹，进行推理，从证据的碎片中进行拼凑与重建。（1995：4）

"记忆文本"的调查策略显然让人联想到纪录片对家谱的追踪和名人的寻访之旅。作为追溯旅程的一部分，节目非常重视对调查者的家族叙事具有重要意义的记忆**场所**。在特定的电视纪录片形式中，这凸显了地点与记忆之间潜在的相互作用。

在对 20 世纪 90 年代以来一系列以 20 世纪 60 年代为主题的纪录片及其"记忆展演"的研究中，迈拉·麦克唐纳（Myra Macdonald）分析了电视纪录片的传统如何同时激活又限制了记忆文本。麦克唐纳借鉴库恩的观点，认为"地点的特殊性"或成为对"记忆的强烈刺激"（2006：336）。在麦克唐纳的例子中，她认为"因为在缺乏精确的文化或地理语境的室内背景中定期拍摄受访者"，纪录片"错失了对地点和记忆的相互作用进行试验的机会"（2006：336）。但是，《客从何处来》却强调起源和归属的概念、地点和记忆之间的依附关系，尽管片中的记忆工作者经常面对的是空白、记忆和历史的杂草。片中的名人调查者以及这部家族史纪录片本身，时常传递出一种对过去和现在之间延续感的追求，渴望通过与祖先的联系，了解我们是如何走到今天的。自我和家国身份的形成历程，就是这部家族史纪录片的基础。

通过对个人记忆和历史的研究提升对自我的理解，无一例外地与各种治疗性话语重叠，包括记忆文本与照片治疗技术的实践。同时，对国家的"重新想象"以及理解国家认同的历史连续性的重要性，与其他关于英国历史和认同的论述重合。恰如西蒙·沙玛（Simon Schama）在《英国史》（*A History of Britain*）（BBC，2000—2002 年）中所述："只有当我们知道了过去是什么样的时候，我们才能开始理解我们在事物体系中的位置，才能发现组成一个国家的我们到底

是谁。"① 因此，我们必须去解读家族史纪录片中个人与社

79 会之间摇摆不定的意义，这种摇摆伴随着在过去与现在之间往返的类似运动，但其中充满了对历史意义连续性的强烈渴望，以使其获取一种当代性意义。

然而，正如库恩所言，"过去一去不复返"，而且往往不剩下什么，这常常使情况变得更为复杂。历史，顾名思义，已经过去了，留给我们的，只能从不在场中去寻找一种存在。也许正是这种不在场的美学，更广泛地描述了电视上呈现的历史，正如西蒙·沙玛所言，"我们的职责是呈现已经不复存在的事物"（转引自 Champion，2003：116）。例如，喜剧演员大卫·巴蒂尔（David Baddiel）试图寻找其祖父在波兰的砖厂遗址，遇到的却是一片"无比惨淡"的景象。② 当他在一片灰蒙蒙、被雨水冲刷和洪水淹没的灌木丛中，打量两座摇摇欲坠、满是涂鸦的砖垛时，他失望地表示，自己参与的是一个关于**触摸**过去的节目，但他遇到的过去已然"不复存在"。

历史不在场的问题可以通过我们所谓的"记忆图像学"得到部分解决，比如对坟墓、废墟、纪念碑和杂草进行解读。站在其祖先的玻璃厂旧址前，电视节目主持人杰里米·克拉克森（Jeremy Clarkson）对历史的不在场的反应是：大部分的工业历史现在都"**只剩杂草**"了。③ 柯文·克莱恩

---

① 西蒙·沙玛的《英国史》DVD 内页注释。

② 《客从何处来》第 1 季第 7 集（BBC 第二频道，2004 年 11 月 23 日）。

③ 《客从何处来》第 1 季第 4 集（BBC 第二频道，2004 年 11 月 2 日）。

（Kerwin Klein）写道："这类纪念性的比喻已经变成我们新的文化历史的共同特征之一，在一部又一部的著述中，读者面对的是悲惨的对象：照片被撕毁，纪念品褪色，玩具破碎了。"（2000：136）然而，电视却面临如何填补这一空白的问题。在罗伯茨和泰勒主编的文集《历史学家、电视与电视历史》（*The Historian, Television and Television History*）（2001 年）中，有几位作者详细介绍了关于电视填补空白的各种策略，以讲故事和发挥想象力来克服这种历史不在场的主导地位。不过，我想说的是，这种空白也正是记忆表征的关键，它在《客从何处来》这类电视节目的情感吸引力中发挥着十分重要的作用。

　　值得注意的是，对于该纪录片而言，仅有照片档案不足以作为证据。这也许反映了观众对直接体验的渴望，要求我们回到记忆的现场，回到特定照片的原点。然而，片中的调查人员经常会遇到历史不在场的情况，他们所遭遇的空白经常与曾经存在的史实互为呼应。这通常体现在使用"过去"的照片，来匹配"现在"的调查画面。这种策略类似于"重新拍摄"的摄影实践，旨在鼓励将过去和现在进行直接对比，以检验事物如何发生变化。这其中的空白与这样一个认知产生共鸣，即知道曾经存在过某些有意义的事物，而这种摄影实践正是在对此进行验证。

　　在《客从何处来》关于伊安·西斯洛普（Ian Hislop）

80

的那一集中①，他参观了祖父参加过的布尔战争的遗址。陪同伊安·西斯洛普的战争历史专家讲述了这场战役的经过，包括英军遭受的巨大伤亡。此时，出现了一张展现当时战壕中阵亡尸体的照片，配上一张现今坟墓的照片（见图3.1）。创作者复刻了原始图片的画面比例和拍摄位置，因此"过去"的内容被转移到了"现在"的图像上，揭示了阳光下安静的坟墓中隐藏着的恐怖。而在关于杰里米·克拉克森（Jeremy Clarkson）的那一集中，他回到了其祖先基尔纳家族拥有第一家玻璃厂的小镇。镜头先是在山上拍摄的俯瞰一座北部城镇的远景，画面中央有一片方形房屋，勾勒出工厂所在的大片田地。接着，镜头切换到克拉克森手中拿着的一张19世纪的工厂插图。随着镜头贴近这张插图，克拉克森感叹道，曾经如此巨大的工厂"现在只是运动场了"（见图3.2）。通过匹配画面中央"现在"和"过去"的图像，我们可以借助这种并置来解读对比的意义：克拉克森与英国的工业遗产幽灵，此刻都在画面中回荡。

---

① 《客从何处来》第1季第5集（BBC第二频道，2004年11月9日）。

图 3.1　过去与现在：战役墓碑

（《客从何处来》第 1 季第 5 集，BBC、"无处不在"制作公司，2004
年）

图 3.2 杰里米·克拉克森在基尔纳工厂的旧址进行调查

（《客从何处来》，第 1 季第 4 集，BBC、"无处不在"制作公司，2004 年）

此外，对失去历史和个人意义的恐惧，也在比尔·奥迪的身上有所体现。他回到母亲曾接受治疗的精神病院，却发现那里已被重建为行政住宅区："记忆就这样被完全抹去了。"此处通过使用图像匹配、镜头比例和拍摄位置的复刻，20 世纪 50 年代医院正面的照片与现今位置的图像被并置在一起，观众又一次看到了现在和过去的对比。

片中使用的图像匹配，并不总是用来突出历史变迁中更具破坏性或侵蚀性的例子，也在于强调历史连续性，尤其是调查者与其祖先之间的关系。在寻找记忆和历史意义的过程中，这部纪录片通过重访关键的家族遗址和追溯先祖的脚步，不断强调对一种连续性的追求。

照片具有的证据价值使调查者能够追踪记忆的地点，并将自己置于照片主体的位置。例如，当歌剧演唱家莱斯利·嘉勒特（Lesley Garrett）在回到她曾曾祖父位于南约克郡的故乡时，她找到了她所保存的一张曾曾祖父照片的拍摄地。① 家族曾经营的肉店现在是一家蔬菜水果店，但照片中摇摇欲坠的院墙还在那里。嘉勒特举着照片，将图像与残墙对比，以确认拍摄地点。然后，她自己来到照片中曾曾祖父站立的位置说："所以他当时大概就站在这里，向外张望，这太神奇了！"画面从嘉勒特代替曾曾祖父站在空荡荡的院子里的中远景镜头，切换到嘉勒特手拿着的 19 世纪末屠夫站在院子里的照片特写。在这里，调查者与其祖先在物理位置的重合，不仅增强了连续感，也促使观众与其发展出一种共情式的联结。

在《客从何处来》中，还有一些案例通过对照片内容

---

① 《客从何处来》第 1 季第 8 集（BBC 第二频道，2004 年 11 月 30 日）。

的再现，来建立过去与现在、直系亲属与祖先家人之间的联系。在关于斯蒂芬·弗雷（Stephen Fry）的那集中，他与母亲一起回到母亲儿时的家。两人一起在现今的花园中，寻找其手中照片的拍摄地点，试图在过去和现在之间建立连续性，而非断裂。其中有个片段，镜头位于弗雷及其母身后，他举起母亲与她姐妹们小时候的黑白照片，照片中的她们坐在花园台阶的一个石瓮上。镜头中央，弗雷手中的照片与台阶和花园边缘的线条相重叠（见图 3.3）。如今花园的郁郁葱葱几乎与老照片的黑白色调完美融合，我们仿佛穿越时空，透过画面中心，窥见过去。这里并未将过去和现在的图像并置，而是让它们共在且融合于同一画面中，从而建立起一种强烈的历史连续感。

图 3.3　窥见过去：弗雷与母亲追溯往日足迹

（《客从何处来》第 2 季第 3 集，BBC、"无处不在"制作公司，2006 年）

　　随着情节的推进，弗雷和母亲重现了祖父母曾经站在房前的另一张家庭照片的主体位置（"所以你就站到那儿去，事实上如果我们走一圈就能重现这个场景"）。弗雷站在了他祖父的位置（他打趣说，这是一场"弗洛伊德式的噩梦"），而他的母亲则回到了她童年时的位置，站在弗雷前面。弗雷随后将照片拿在两人面前，在镜头前确认是否吻合。这里的镜头也并未把调查者与其祖先曾经的照片并置，而是再次强调了连续性。可以说，对某个记忆地点的依恋能够激发一种归属感，从而再次确证调查者对其历史位置的追寻。 84

　　空白的空间并不总需要通过摄影图像来引发共鸣，它本身被回忆的口头证词填满，能够借助观众共情式的反应和想象式的投入来达到类似效果。例如，奥迪回到他儿时在伯明翰郊区的家，他在屋里徘徊，回忆他在那里度过的时光，观察空间的变化。奥迪来到二楼，在位于楼梯顶端的浴室里，他回忆起关于母亲的一段特殊记忆。奥迪描述道，他有一次走进浴室时，母亲正在泡澡。他讲述了母亲对他来说是多么陌生，以及她对这次打扰的毫不在意。奥迪凝视着浴室，拉扯着自己的胡子，一边回忆这段经历，一边注视这段记忆的现场。随后镜头切换到浴室，扫视这个空荡荡的空间，画面定格在这里，仿佛观众也能通过类似的视觉聚焦回忆起这段经历。此处要求观众富有想象力地代入这个故事，进入画面中，体会这个空荡普通的空间曾是一段个人深刻经历的现场，以此见证记忆引起的共鸣。

此外，各种官方档案的不在场也产生了不同形式的共鸣，这正是对官方试图制造和消除记忆的有力提醒。在斯蒂芬·弗雷和大卫·巴蒂尔的大屠杀叙事中，历史档案揭示了弗雷亲属的命运，而巴蒂尔的伯祖父阿诺则只能被推测在华沙的犹太人聚集区遇难了，由于他的名字没有出现在任何记录中，因而无法证实。莫伊拉·斯图尔特的多米尼加之旅使她找到了 19 世纪关于奴隶主的官方记录。在这些记录中，奴隶们原来的姓氏和名字都被抹去，仅列出了他们被新起的教名。这些官方档案的缺失，排除了进一步展开家族调查的可能性，留下的线索也变成悬案。在这些案例里，不在场的美学与历史和政治上的抹除痕迹活动息息相关。

对记忆地点的强调和祖先足迹的追溯构成了一种历史重演，这种形式与历史类电视节目的其他趋势相关（Agnew，2007），包括"历史类游记"的流行。近年来，朱莉娅·布莱伯利（Julia Bradbury）、尼古拉斯·克兰（Nicholas Crane）等节目主持人在《漫步温赖特》（*Wainwright Walks*）（BBC，2007 年起）、《英国纪行》（*Great British Journeys*）（BBC，2007 年）、《不列颠帝国》（*Nicholas Crane's Britannia*）（BBC，2009 年）中追溯了著名旅行作家的足迹。[1] 其中，风景景观

85

---

① 尼古拉斯·克莱恩（Nicholas Crane）使用威廉·卡姆登（William Camden）在 1586 年的英国地形测量作为指南。在其他例子中，前议员迈克尔·波蒂略（Michael Portillo）在《英国铁路纪行》（*Great British Railway Journeys*）（BBC，2010 年起）中使用了乔治·布拉德肖（George Bradshaw）的旅游手册，主持人克莱尔·巴尔丁（Clare Balding）则在《骑行英国》（*Britain by Bike*）（BBC，2010 年）中重温哈罗德·布莱尔克里夫（Harold Brierchiffe）的自行车之旅。

和强烈的遗迹话语既凸显传统旅行的路线，也都融入了对民族身份与"英国性"的构建。在《客从何处来》中，通过强调个人身份及其转变，个体与集体之间的相互作用再次通过旅程的比喻得以彰显。在此，让我们回到埃莱夫塞里奥蒂斯关于电影旅程的研究，因为他的论点与家族史纪录片形式的谱系探索是一致的：

> 这种探索以及促成这种探索的运动不仅是对快乐的追求，也是对意义的追求。就像流动的主体常常回溯其早已被安排好的轨迹，意识到他/她自身的旅程包括但也超越了个人，即宏大叙事中匿名的集体主体的旅程（2010：32）。

作为一部家庭与社会历史纪录片，《客从何处来》沿着节目制作人所铺设的道路，追溯了祖先的足迹和"宏大叙事中匿名的集体主体的旅程"，致力构建一个特定的国家形象，其所选择讲述的故事也不可避免地塑造了这一形象。

封闭空间？家与国

《客从何处来》经常展现名人调查者的家庭生活以及他们与家人亲友的互动。片中的名人通常在各自旅程的开始和结束时都待在家里，带着他们从家族历史中收集的信息、图像甚至遗物或纪念品回到家人身边。在印度追寻祖父的故事之后，梅拉·沙尔带着母亲老家的一块砖头回到位于艾坪森林的父母家。斯蒂芬·弗雷重返家庭聚会，讲述了被发现遇难于奥斯维辛集中营的拉姆家族的命运。女演员阿曼达·雷德曼的旅程也以一次家庭聚会结束，不过这一次更多的是庆祝，因为她向家人介绍了失散多年的表亲们。[1] 莱斯利·嘉勒特从约克郡回到伦敦的家中，受到孩子们的热情接待，而大卫·巴蒂尔则回到家中与母亲和女儿一起庆祝自己的40岁生日。在杰里米·帕克斯曼的那集中，他回到了《新闻之夜》（*Newsnight*）（BBC，1980年起）的演播室。这标志着他回到了熟悉的环境，也可以说回归了他更熟悉的电视人身份。莫伊拉·斯图尔特则从海浪拍岸的加勒比回到了熟悉的伦敦泰晤士河两岸的城市景观。

这些旅程叙事的周期性以及对回家或至少回归熟悉的环境与景象的坚持，似乎都暗示着一种与空白空间美学相反的、关闭想象式代入的方式。旅程的比喻阐明了作为过程和"联结的永恒工程"的记忆文本，但在不同故事的结局，这部纪录片尤为强调对确证的坚持以及行程的完成与终结。家庭成员和祖先的失去，往往被找到的远亲和新的家族联系所填补。例如，当大卫·巴蒂尔无法确定其叔叔的下落时，他在伦敦的犹太社区遇到了新的远房家庭成员。麦克唐纳对电视纪录片的规范和传统进行了分析，认为它们"既赋予'记忆文本'以活力，同时也对它造成限制"（Macdonald，2006：327）。她总结道："电视经常找到途径，将见证者的

---

[1] 第1季第2集（BBC第二频道，2004年10月19日）。

记忆展演融入并压制于自身的叙事和视觉要求中。而具有指导性或概括能力的评论与档案影像，往往可以化解记忆唤起的潜在混乱或紧张时刻。"（2006：342）。回到家庭的安全感的过程，指向了电视在"驯化"复杂材料的过程中常用的一种方式。

《客从何处来》无疑成功地实现了其计划的目标，并以多平台的播放与宣传方式促进了英国大众对各自家族谱系的调查。[①]　虽然这种形式旨在与更宏阔的主题和历史"吻合"，但它创造了一个更包容和积极的英国国民身份认同的愿景。《客从何处来》所代表的历史内容可以被视为与英国后殖民身份的协商。这体现在其对电视名人的选择上，如梅拉·沙尔、莫伊拉·斯图尔特、运动员科林·杰克逊（Colin Jackson）和荧屏名厨安斯雷·哈里奥特（Ainsley Harriot）。可以说，"新不列颠"的形象是通过描绘社会、工业、殖民和战时家庭历史的个人情感和经历叙事来实现的。埃莱夫塞里奥蒂斯以"关系性流动"为主题，将不同类型的流动置于"比较的参照框架"进行考察（Eleftheriotis，2010：125），敏锐地揭示了一个"文化融合的过程"。在这一过程中，"探索、发现和揭示之旅在很大程度上与位移、流亡、大流散、移民等活动相关"（2010：124）。不过，名人调查

87

---

①　BBC 为《客从何处来》第 1 季制定的宣传目标如下：（1）鼓励 15 万名收看 BBC 第二频道、年龄在 50 岁以上、社会经济地位较高（ABC1 群体）的观众首次开始研究其家族史；（2）为档案馆和家谱网站带来新的用户；（3）使人们切实感到个人与历史的联系（参见 Sumpner et al.，2005）。

者所发现的家族被剥夺和驱逐的经历，往往是大英帝国时代活动的结果。通过转移与后记忆文本的方式，被殖民者的故事往往被重新纳入新不列颠的多元文化叙事中。例如，典型的英国演员鲁伯特·彭利－琼斯（Rupert Penry-Jones）的印度之旅就指向一个可以追溯到八代以前的被殖民家族。然而，他所追寻的历史更多关于他是否有印度血统和私人化的多元文化遗产，而非在混血种族的关系中挑战殖民权力的影响。①

尽管在某些方面，这部系列的纪录片开启了对个人和国家历史与记忆的有效参与，但它过分强调情绪的发泄和完结感——这种治疗性叙事的终点又关闭了对更复杂故事的进一步调查。除了历史挪用的风险，该纪录片情感性和戏剧化的姿态，可能会被视为阻碍对苦难历史的深入探究，尽管它也坚持让观众回到并直面记忆和历史的创伤与痛苦叙事。海伦·韦恩斯坦（Helen Weinstein）表示，这类戏剧化的姿态、对情感参与和经验知识的强调，都是"英国电视历史产品"为广播电视公司吸引观众的有效方式。但这些方式都必须置于一种围绕"当代忏悔文化"的更广泛的讨论中，因其"关键吸引力恰恰在于真实情感的流露"（Aslama and Pantti，2006：167）。在某种意义上，家族史纪录片可能会遭到其意义空洞化带来的反噬，取而代之的是观众对名人揭

---

① 《客从何处来》第 7 季第 5 集（BBC 第一频道，2010 年 8 月 16 日）。

秘或者对私人家谱调查的热衷。① 我们还可以提出质疑，某
些形式的电视记忆是否在回避矛盾与问题，让观众重新融入
与记忆和历史的私人及情感互动，最终导致我们回到熟悉的
集体铭记和遗忘模式？这种辩证关系指向了保罗·吉尔罗伊
（Paul Gilroy）提出的"后帝国忧郁症"概念，即英国文化
中对两次世界大战历史的"病态"痴迷（例如足球歌曲
《两次世界大战与一次世界杯》［*Two World Wars and One
World Cup*］所体现的），尤其是当英国抗击纳粹德国的历史
被不断过度地重新想象，而在大众文化记忆中却丝毫不提其
他的殖民冲突历史。② 人们忘记了自身的殖民过往，忽略了　88
殖民历史给当今英国社会造成的持续影响，这种模式化的病

---

　　① 艾莉森·兰茨伯格（Alison Landsberg）在谈到亚历克斯·哈里（Alex
Haley）的《根》（*Roots*）（ABC，1977 年）在 70 年代美国的成功时，也指出了类
似的问题。她写道："虽然《根》让许多白人第一次透过黑人的眼睛看世界，但
《根》的经历与其说是对白人压迫的批判，不如说是对家谱学的重要性和力量的肯
定……大众传媒没有迫使美国白人审视自己的种族态度，没有迫使其承认奴隶制
的罪行，而是激发了他们对家谱学项目的迷恋。"（2004：105－106）
　　② 吉尔罗伊（Gilroy）的"后殖民忧郁症"概念采用了米舍利奇
（Mitscherlichs）在《无力哀悼》（*The Inability to Mourn*）（1975）中提出的德国战
后忧郁症模型。吉尔罗伊的研究探讨了"英国无法哀悼帝国的灭亡"（2004：
111），认为"英国没有努力克服这些感受，而是淡化、否认了这段令人不安的历
史，然后（如果可能的话）主动遗忘这段历史"（2004：98）。吉尔罗伊本人呼吁
要有更多"复杂和具有挑战性的叙述"（2004：131）。

态遗忘与其他类型主导记忆的过剩，形成了鲜明对比。[①]

流动的电视

在过去几年，《客从何处来》已成为一个全球性品牌，它呈现历史的模式化方式不可避免地促进了家谱叙事所鼓励的讲述形式——强调情感参与，并将宏大叙事与个体故事相契合。电视记忆的范式也不可避免地依据国家语境被权衡价值，这对于理解和解读国家身份认同尤为重要，因为在每个国家讲述自己的故事中，记忆和遗忘的动态都是地方性的。例如，在家族史电视节目流行期间，一部名为《大饥荒时期你的家族在哪里》（*Where Was Your Family During the Famine?*）（RTE，2008年）的纪录片就借助家族谱系调查爱尔兰历史上的一个关键时期。英国的家族史纪录片主要讲述工业、帝国和世界大战的故事，而美国的家族史纪录片则涉及不同的历史事件，这些历史与名人的祖先谱系相吻合，例如关于清教徒原教旨主义的基础神话，欧洲殖民主义和移民，美国内战以及奴隶制的遗留问题。事实上，后者是著名

---

① 保罗·科尔（Paul Kerr）和罗斯·威尔逊（Ross Wilson）关于英国电视奴隶制表现形式的研究支持了这一论点。科尔写道，作为《最后的奴隶》（*The Last Slave*）的制片人，他感到尤为沮丧的是，一个关于最后一艘奴隶船的多角度故事被缩减为一部关于一个人寻找其奴隶祖先的"个人旅程"的纪录片（2009：394）。而罗斯·威尔逊撰文描述了BBC在以废奴为主题的剧集里选择性失忆，介绍了一个"更被青睐的历史版本"，该版本强调废奴主义者的工作，并通过坚定地关注"继续前进"的主题，展示了一个稳定的、没有过去困扰的多元文化的英国（2008：393）。

的家族史系列节目《非裔美国人的生活》（*African American Lives*）（PBS，2006—2008 年）的核心内容，该节目由哈佛大学历史学家小亨利·路易斯·盖茨（Henry Louis Gates, Jr.）主持，通过谱系学和基因分析技术，聚焦并追溯知名非裔美国人的家族历史。

《客从何处来》的节目格式在不同电视国家之间的流动，为本章的研究提供了另一种关系性流动形式。阿尔伯特·莫兰（Albert Moran）在关于节目形式和国内外电视文化的研究中，有效地点明了流通的版本如何"被改编为看似本土或本国原创的"，从而充当一种"灵活或空白的模板，等着变成其他电视地区有特定社会变化和特色的版本，以此来吸引当地观众"（2009：151）。《客从何处来》的品牌形象在不同国家版本的改编中最直观地体现了这种修改：其最初的形象是一棵郁郁葱葱的树，坐落在草坡上，与蓝天相映成趣。该图巧妙地象征着个人（孤零零的树）和集体（家族谱系）的动态，是其作为历史类节目的核心（见图3.4）。虽然该图传播至国外的每个版本都保持相同的标题与图形（白色无衬线字体，由家谱结构的连接线构成），并 89 采用相似的构图，但自然景观的特征和色彩却各不相同。澳大利亚版（SBS One，2007 年起）是一棵烧焦的树，映衬着碧空如洗的天空和焦橙色的草原。加拿大版（CBC，2007年）采用了秋色的枫树，晴空万里，白云点点，一群大雁从远处飞来，映衬着浅蓝色的山脉。爱尔兰版（RTE 1，2008 年起）对画面进行了修改，在类似颜色的山顶上出现了一棵翠绿的树，远处是一排灰色的山丘，阳光穿过乌云密布的灰暗天空。每幅图像都清晰地反映了各个国家不同的标志性景观，如翡翠绿和枫树这类色彩和图形变化，象征着一个开放的追溯家谱的新领域。品牌形象的变化还进一步表明了景观与国家认同之间的联系，同时也构成全球化电视形式作为"灵活模板"的典型案例。基于这个模板，各国特色不仅可以融入其中，还凸显原版的特点及其针对国家历史与身份认同问题的明确表达。

图 3.4　《客从何处来》的原版品牌形象

（BBC、"无处不在"制作公司，2004 年起）

　　尽管莫兰断言，在新的**电视**景观中，这种不同版本形式的出现可以被视为标志着国民的"强大生命力甚至重新出现"（2009：157），但这类模板的流通与传播在索尼娅·德·利乌（Sonja de Leeuw）看来有负面影响，借安东尼·吉登斯（Anthony Giddens）之言，即"在全球范围内创建

一种标准化的历史"（2010：142）。这其中每个版本都会招
致对英国剧集的批评，即其对苦难历史的驯化和对名人揭秘　90
的过分强调。不过，我在此想关注的是其中的不同之处，考
察在这种节目形式的旅行与传播中，不同电视国家的文法和
特色是如何通过比较各自版本展现出来。

　　美国版《客从何处来》第一季由"无处不在"电视制
作公司与美国"是或否"娱乐制作（《老友记》女主角丽
莎·库卓［Lisa Kudrow］的制片公司）联合制片，于 2010
年 3 月在美国全国广播公司（NBC）播出。在同年世界杯期
间的夏天，由莎拉·杰茜卡·帕克（Sarah Jessica Parker）、
波姬·小丝（Brooke Shields）和苏珊·萨兰登（Susan
Sarandon）出演的三集《客从何处来》在 BBC 第一频道播
出，作为足球报道的替代节目。先从英国到美国，再从美国
回到英国，就电视节目的传播而言，这并不是一段独一无二
的旅程。美国版的热门真人秀节目，如《换妻》（Wife
Swap）（ABC、英国第四频道，2004 年起）或《地狱厨房》
（Hell's Kitchen）（Fox/ITV，2005 年起），经常被带回原始的
英国电视频道，并期望它们"比原版更响亮、更大胆"
（Sutcliffe，2010）。而这个进口版《客从何处来》的有趣之
处在于，它如何针对英国观众进行重新剪辑和改编。以莎
拉·杰茜卡·帕克在美国和英国播出的那集为例，我想考察
节目格式上的风格转变，以及这些转变在节目的基调和表达
中产生了何种变化。

　　美国版于 2010 年 3 月 5 日首播，讲述了女演员莎拉·

杰茜卡·帕克对自身家族历史的探索。在调查她母亲的"德国"家谱时,帕克坚信自己有移民血统,声称自己是"混血"(尽管美国版中略去了这一表述)。然而,当她的祖先被揭示曾参与美国历史上的重要事件——1849年的淘金热和1692年的塞勒姆女巫审判案时,她又有了"典型美国人"这一新的身份。她自豪地宣称:"我在这个国家有真正的血统,真正的根……你知道,我是一个美国人,我实际上是一个美国人。"可见这种版本仍然强调国家身份认同的构建,只是这是对一种美国的典型/真实身份的不确定发现,仅因为帕克的家族谱系与这些"奠基性"历史时刻有所关联。

NBC的版本被美国电视业界归类为"另类真人秀",其节奏比英国原版快得多,制片人丽莎·库卓承认这是美国版被NBC收购的结果。[①] 节目时长40分钟,加上广告共计1小时,讲述历史背景的时间减少了,而更多地强调了名人的"个人情感之旅"。为了达到这一效果,节目大量使用了"煽情"的音乐铺垫,名人以第一人称视角进行的旅程画外音叙述,以及由流行音乐(罗布·托马斯[Rob Thomas]的《小奇迹》[Little Wonders])定格的结尾蒙太奇。这首歌既是配乐的结尾,同时也自觉地表达了对旅程的纪念。

91

---

① A. 麦金太尔(A. MacIntyre):"丽莎·库卓访谈录"(2010年3月3日):http://www.monstersandcritics.com/smallscreen/features/article_1538079.php/NBC - Who - Do - You - Think - You - Are - comes - March - 5 - Lisa - Kudrow - interview (2010年9月2日访问)。

BBC 的复播节目则延长至不间断的 45 分钟，不仅取消广告，也取消了衔接广告时段的预告和回顾。为了给更不熟悉美国历史宏大叙事的观众提供额外背景信息，BBC 去掉了音乐，以此和英国版保持一致，还重新插入了马克·斯特朗（Mark Strong）的画外音。① 第一人称的画外音确保了美版的中心主题，而莎拉·杰茜卡·帕克与她哥哥和母亲的互动，以及她"游览"辛辛那提重要的童年场所的额外镜头，都使人们对作为纪录片焦点的名人有了更多了解。尽管做了改动，英国的大报《独立报》（*The Independent*）评论员仍抱怨帕克"吵闹得难以置信"和"睁大眼睛的兴奋劲儿"不是"纯正的英国范"（Sutcliffe，2010）。除了男性评论家普遍不喜欢帕克，她的自我表现显然没有展示出观众期待的克制，而比如帕克斯曼就会对着镜头掩饰自己的眼泪。

在节目中，帕克的祖先埃丝特被揭露曾牵扯进女巫审判案，她被指控是女巫，侥幸逃脱了巡回审理法庭。得知这一事实后，帕克在塞勒姆纪念花园沉思了一会。在 NBC 的版本中，帕克的画外音清楚地凸显**她**自己的经历。从鸟儿在冬日蓝天下飞翔的镜头开始，以中近景扫过一排墓碑，帕克模糊的身影在远处移动。她以画外音质疑道：

> 如果这猎巫行径持续下去，谁知道我们的家族会发生什么？这是一次非常打动我的经历，我想向那些没有

---

① 作为一位以扮演阴暗凶狠的角色而闻名的演员，他的声音虽然有分寸、有控制，但既不戏剧化，也不舒适，反而可以说是带着一种不安的忧郁。

埃丝特那么幸运的人表示敬意。在回家前，我将前往塞勒姆参观他们的纪念馆。

这段叙述叠加了一系列画面。画面中，帕克走过白雪覆盖的墓地，驻足观看一个石头纪念长椅，镜头对上面的铭文进行特写——**安·普德托尔，被绞死于 1692 年 9 月 22 日**。随后，录音棚里的画外音切换到帕克的现场采访，她称这段经历"全然改变了对自己身份的认知"。这段叙述伴随庄严的弦乐编曲，配以轻柔的强音和弦与钢琴声，为这一场景定下了情感基调。在悼念片段结束后，配乐随即转为更加欢快的编曲。这段编曲在片中多次使用，以推动叙事和旅程向前发展。正如《洛杉矶时报》（*Los Angeles Times*）评论所说，观众在"被带到下一个'我的天哪'的时刻之前，是没有时间思考的"（McNamara，2010）。此时的配乐还伴随帕克返回纽约和新泽西，与她母亲听到这个故事时的难以置信衔接起来。

BBC 的版本采用了相同的画面片段和时长，但画外音、旁白和配乐变了，产生了截然不同的效果。从鸟儿在冬日蓝天下飞翔的镜头开始，以中近景扫过一排墓碑，帕克模糊的身影在远处移动。此时，马克·斯特朗以忧沉的嗓音宣读了审判的死亡人数：

1692 年 7 月至 9 月期间，塞勒姆女巫审判案夺去了 20 名男女的生命。

　　值得注意的是，这个史实"随意"出现在美版的审判简介中，但在 BBC 的版本中，这个史实在此刻才被揭晓。当帕克走向石凳并驻足时，画外音暂停，**安·普德托尔，被绞死于 1692 年 9 月 22 日**的铭文特写镜头也被定格了。该场景配乐使用了相同的庄严弦乐，但没有额外的吉他和钢琴。随着场景切换，背景音乐完全淡出，留下帕克自己的无声沉思：一段来自英国版的熟悉的钢琴副歌，陪伴她回家的旅程。

　　两版节目在跨洋转变的形式上有很多可圈可点之处，形式、节奏、旁白以及音乐和静默的使用展现出 NBC 和 BBC 不尽相同的电视语言。在此，同样令人感兴趣的是运动感。《洛杉矶时报》的评论指出，美国版本强调一种不懈的前进动力，这与 BBC 版本所强调的坚持反思相抵牾。英版叙述中的停顿和沉默的运用，为片中人物乃至观众，都提供了沉思的空间——尽管这一空间仍受限和预设于场景之中。但我认为，正是对这种沉思空间的管理，体现了 BBC 这种节目形式的公共服务价值。它留给观众自己去建立与呈现内容的微妙联系，而运用第三人称的叙述也开启了调查者和他/她的调查之间的关联。这种探索与被探索的关系会被第一人称叙事的使用消解，使观众很难从名人个体对历史的解读中独立出来。由于这种对个人经历的坚持，观众与社会产生共情联结的可能性被减弱了。

　　通过对同一节目形式不同版本的简要考察，能够看出，比较视角的分析可以带来富有成效的成果。正是对 NBC 和

93

BBC 版本同一集节目的比较，英国版《客从何处来》的公共服务审美成为焦点。在本章的最后，我也将在近期公共服务广播电视的语境下，探讨该节目的背景。

铭记公共服务的广播电视

回到最初的英国版《客从何处来》，虽然我从后来的剧集和不同的国际版本中提取到一些案例，但本章主要关注的是 BBC 第二频道在 2004 年和 2006 年播出的前两季节目。这两季的作品确立了该节目的形式，为其持续的成功奠定了基础。这两季播出时也恰逢 BBC 的执照续期与收视费用谈判，《客从何处来》的庆祝活动及其节目内容的特质，都需要结合这一时期 BBC 想要重新树立的公共服务精神来讨论。① 在此氛围下，我认为《客从何处来》的"宣传"还有一种记忆在发挥作用。虽然该节目利用记忆文本的策略来重申个体和国家身份认同，但 BBC 也借助《客从何处来》来确保其自身的身份认同，提醒观众，它始终是一个有效且有价值的公共服务性广播电视公司。

在技术急剧变革和电视未来充满不确定的时代，转型和

---

① 在竞争、商业压力和收视率之争加剧以及向"数字英国"转型的时期，广播电视公司公共服务的提供被认为出现了滑坡，此后，2006 年围绕十年一度的皇家宪章审查和 BBC 的未来展开的辩论变得非常激烈。正是在这一背景下，BBC 试图重新确认其作为公共服务提供者的角色，并证明继续征收许可证费是合理的，同时为许可证费高于通货膨胀率的增长进行辩护。

危机的说法日益盛行。商业化与竞争的加剧以及电视观众的分散化，使公共服务性广播电视作为一种"社会纽带"的有效性受到了质疑。正如菲利普·M. 泰勒（Philip M. Taylor）的评论，"认为电视是一种几乎具有普遍社会渗透力的媒体，且能够团结一个国家的观念，正在衰减。在不到一代人的时间里，对于'你昨晚看电视了吗'这一问题的肯定回答，已经越来越少"（2001：174）。然而，像《客从何处来》这样的节目可能会重振泰勒所惋惜的电视的作用。该节目是 BBC 收视率的成功之作，不仅有感性的吸引力，对于探索国家历史和身份认同也极具意义。它试图通过对个人历史、记忆和身份的调查，来重新想象对英国的认同。此外，它还借助家族史研究这种"社会纽带"形式，对大众产生巨大吸引力。可以说，《客从何处来》通过对"新不列颠"图景的精心构建，与《不列颠掠影》（*A Picture of Britain*）（BBC，2005 年）和《海岸》（*Coast*）（BBC，2005 年起）等纪录片一道，标志着公共服务广播电视精神的重新树立，其重点正是在于"英国性"和国家身份认同的构建——公共服务广播电视是国家建设者，而非国家约束者。①

94

---

① 尼基·斯特兰奇（Niki Strange）在讲述 BBC 在同一时期对委托制作的改变和"捆绑项目"的发展时也提到了这一策略。她写道，"在将这些内容——《伟大的不列颠人》（*Great Britons*）（BBC，2002 年）、《大阅读》（*The Big Read*）（BBC，2003 年）、《不列颠掠影》（*A Picture of Britain*）（BBC，2005 年）——与学校、图书馆、国家扫盲组织、慈善机构以及出版商和图书零售商的系列活动结合起来时，BBC 试图强调其成功的角色。与其说它是广播电视公司，不如说它是一场多方合作、多平台宣传的交响乐，其公共服务在于引发对国家认同以及个人'转变'的讨论和反思"（2010：139）。

与此同时，借助 BBC 网站的"成功"与相关家族史事件的定量数据，《客从何处来》第一季的消费者和观众研究报告概述了 BBC 是如何实现其计划目标的。根据这份报告，7% 的英国成年人称在第一季播出后的两个月内，首次开始研究自己的家族历史。61% 的"bbc. co. uk/familyhistory"用户表示，他们是网络家族史平台的新用户，而国家档案馆网站的首次访问者增长了 18%（2004 年最后一个季度数据，相较于 2003 年最后一个季度）。作为家谱类节目的先驱，《客从何处来》无疑"象征着新近以公共服务为重点的 BBC 应该做的那种节目——思想严肃，但也通俗易懂，广受欢迎"（Brown，2004 年）。至少在 BBC 的讨论语境中，人们是这样评价这档节目的。最后，我想总结《客从何处来》如何与电视记忆的一种补充形式相连接，我们或许可以将其称为"BBC 式的怀旧"，我将在下一章进行更详细的探讨。在最近收视费用谈判期间，该节目被宣传为 BBC 皇冠上的明珠，出现这一说法也就不足为奇了。伴随着收视率的成功，节目附带的互动平台产生了一种有形且可量化的公共服务形式，通过统计数据，BBC 的重要性清晰可见。《客从何处来》或许是 BBC 在转型和不确定时期试图确保和重申自身身份认同的一个重要案例。可以说，该节目不仅关于家庭记忆和国家历史，也关于我们对有效且有价值的公共服务电视的记忆与怀旧。

95

第4章 安全回返：怀旧与电视

　　德里克·康帕雷（Derek Kompare）在其有关北美电视的研究中考察了他提出的"重复的制度"，即呈现历史的电视无处不在，国家文化的和个人的过去借此在当下不断地被循环播放（2002：19）。他的著作《重播国度》（*Rerun Nation*）（2005 年）追溯了美国电视重播的历史发展轨迹，从 19 世纪的文化工业到 20 世纪 90 年代末数码光碟市场的出现。在康帕雷的研究中，我们可以清楚地观察到，"动态电视遗产"的产生与不断演进（2002：20），创造了特定形式的公共历史和记忆，无论是电视本身还是它所展现的世界。电视是我们理解过去的核心，关注电视自身过去的循环、再语境化的策略和形式，可以揭示我们对作为一种文化形式的电视的具体态度，以及呈现我们如何面对历史上的自我。康帕雷成功证明了："我们——作为观众和学者——如何'记住'特定时期的电视，这不可避免地与电视如何记住自身联系在一起。"（2002：31）而电视如何记住自身，则与更广泛的社会和文化记忆的构建有关。档案或"老"

电视，特别是新闻和时事录像，构成电视中许多流行的现代历史的基础。然而，本章对"关于电视的电视"的考察①，有更具体的重点。它使我思考我们在电视编排中看到的新与旧、过去与现在之间的复杂互动，因为过去的特定电视结构以及与过去的关系，往往能够告诉人们更多关于电视自身的记忆文化，以及电视如何影响了更广泛的文化记忆构建。

在此，怀旧作为主导框架浮现在我们面前，电视通过它来铭记并指涉自身。这个概念有一段漫长而充满矛盾的批评史和应用史。虽然我觉得不必在这一章中全面概述怀旧的历史，但我想强调一系列与此相关的论点和观察，它们构成理解这个概念及其与电视关系的核心。这一章的标题指向电视文化中怀旧的多种用途，在此，我使用"安全回返"这一表述有几层意思。它首先指的是怀旧电视形式的经济"判断力"，即怀旧性的电视节目往往便宜并迎合大众，适应了那种复制过去的成功和熟悉而安全的商业模式。此外，它也指向对怀旧的保守应用，以一种理想化或较为温和的方式安全地回到过去。但这一表述同时也与怀旧的概念有关，即怀旧欲望的对象并非复原或回归，而是在保持安全距离之下的一种渴望。

鉴于电视媒介自身的两个特点，电视往往被看作一个有特权的怀旧场域。首先，正如我在第一章中所探讨的，怀旧

① 我并非在此描绘一部关于电视的电视史，也不是在研究档案资料的市场运作、发行和使用。尽管这两项研究都会极大丰富我们对电视史的公共和商业使用的理解。

和电视都依附于家的概念，这也是本章讨论的例子能够引发怀旧共鸣的关键：从《火星生活》（*Life on Mars*）（BBC，2006—2007 年）对家的不同表述，到《电视审判》（*TV on Trial*）（BBC 第四频道，2005 年）中某一时期的家庭环境。其次，由于电视置于家庭环境之中，电视媒介在亲近与疏离之间的动态关系呼应了人们对怀旧欲望的理解。苏珊·斯图尔特（Susan Stewart）写道："怀旧者迷恋的是距离，而不是怀旧对象本身。正是由于人们有所失去，怀旧才能够持续。"（1993：145）作为一种不寻求恢复的渴望形式，怀旧在过去和现在、相同和不同、接受和疏远之间的互动中得到平衡。这种动态也捕捉到了电视类似的重复运动，其盛衰兴亡就像潮起与潮落，往前和向后。

与此同时，我也会考察怀旧在国家、历史和代际层面产生影响的具体方式，这主要体现在不同"黄金时代"的建构和代际记忆在回忆类电视中的作用。这些都与我对机构性怀旧的讨论相互关联。通过分析 BBC 进行自我宣传的实践案例，我将探讨这种机构性的怀旧如何思考"关于电视的电视"问题。

怀旧框架（1）

收藏

可以说，电视构建了一种流行的怀旧图腾。虽然它不是

98　唯一的媒介，但电视创造和强化了一系列视觉节目，它们指向某个特定的年代或时期，或是结合被选择和有选择性的图像、物体、声音和配乐，营造出一种适当的"过去感"。在这里，过去被重新排序为一个集合，或者说一个列表。斯图尔特（Stuart）认为："收藏是一种游戏式的艺术形式，在一个关注并操控语境的世界里，收藏是一种涉及重塑对象的形式。像其他艺术形式一样，它的作用不是恢复原本的语境，而是创造出一个新的语境。"（2003：151–152）在这个意义上，通过文本形式重新接触过去的电视的关键，不是找回原来播放或者观看时的体验，而是将其置于新的框架和语境中，在与过去保持距离的同时，根据其与现在的关系来重塑过去。关注这类再语境化的形式，为我们提供了一种思路，去探究怀旧电视对于理解电视历史和它所收集和构建的文化记忆的意义。

　　《疯狂高尔夫》（*Caddyshack*）（导演：哈罗德·雷米斯［Harold Ramis］，美国，1980 年）、蒸汽乐队（The Vapors）的歌曲《变成日本人》（*Turning Japanese*）、朋克和学院风、动画角色"草莓娃娃"、波姬·小丝的 CK 广告、设计师牛仔裤、电视广告《谁射杀了 J. R. ?》——这份名单构成了美国音乐电视频道 VH 1《我爱……》（*I Love...*）系列节目（2002—2008 年）所"定义"的 1980 年流行文化时刻。该节目以 BBC 同档系列节目（2000—2001 年）为基础，每集聚焦 70 年代、80 年代或 90 年代的某一年，由该时期的重要名人或"名人粉丝"主持。《我爱……》系列与其他盘点类或精选类节目一样，都是将谈话人评论，电影、电视和流行文化事件的档案报道剪辑在一起，围绕一个主题、特定年份或时期来展开，通常由知名评论人的回忆构建。① 至少在英国电视上，作为最普遍的怀旧节目形式，盘点类电视节目引发了詹姆森对"怀旧模式"的著名批判。② 在此，怀旧被理解为守旧、倒退和臣服于"文化产业的市场需求"（Jameson，1991：21）。对于怀旧节目具有操纵性和商业性功能的批判，在经济"判断力"对档案资料的重新呈现或重新利用之时是显而易见的，即怀旧节目被认为是电视产业的"沉睡资产"。这类节目的历史性缺失还进一步呼应了斯图尔特对收藏的观察："在收藏品中，时间并非要被恢复至原点；相反，在收藏的世界里，所有时间都是同期或同步的。"（1993：151）

精选类节目和倒计时等怀旧节目的形式，或美国怀旧类电视节目《尼克深夜档》（Nick at Nite）和"电视天地"频道（TV Land）里的重播节目编排，除了奥沙利文（O'Sullivan，1998）、斯皮格尔（Spigel，2001）、莫兰

99

---

① 在美国，"拼盘类节目"一般是指剧集中的一集，主要由之前剧集的片段组成，一连串的倒叙借由叙事框架被赋予合理性。尽管在美国流行文化中被大量戏仿，但这仍是一种广受欢迎的手段，可以让观众"追踪"叙事事件，最近《迷失》（Lost）（ABC，2004—2010 年）和《实习医生格蕾》都采用了这种方式。

② 詹姆森（Jameson）在《后现代主义》中对"怀旧模式"的批判是讨论怀旧和怀旧电视时经常引用的例子。他认为，"作为'参照物'的过去逐渐被固化，然后完全消失，留给我们只有文本"（1991：18）。用詹姆森的话说，怀旧是非历史的、感伤的，代表着"我们以某种积极方式体验历史的生活可能性"的下降（1991：21）。

（Moran，2002）和康帕雷（Kompare，2005）的研究，学术界对此兴趣有限。然而，从 BBC 第四频道的回顾性节目实践和当下"电视伟人"①的传记类节目趋势，再到盘点类节目之间"恐慌性的互相蚕食"（Brunsdon，2004：115），电视档案通过各种方式被重新利用。在 2008 年四个月的时间里（8 月至 11 月），通过对英国电视节目单的考察，可以发现这些档案类的节目形式无处不在。虽然我并不想建立一个严格的节目类型学，但这些节目可以分成以下一系列类别。汇编类或"最佳……"类：《一千零一深夜秀》（ *1001 Nights of the Late Show* ）（BBC 第四频道）、《最佳皇室综艺》（ *The Best of the Royal Variety* ）（ITV 第一频道）。回顾类、庆典与周年纪念类：《老爸上战场》（ *Dad's Army Night* ）（BBC 第二频道，40 周年特辑）、《黑爵士访谈：全部烂掉的传奇》（ *Blackadder Exclusive: The Whole Rotten Saga* ）（UKTV 黄金频道，25 周年特辑）。致敬类和简介类：《难忘的……》（ *The Unforgettable...* ）系列（ITV 第一频道）、《马克·劳森与……访谈系列》（ *Mark Lawson Talks To...* ）（BBC 第四频道）。历史制作、幕后和家谱类：《喜剧联结》（ *Comedy Connections* ）、《戏剧联结》（ *Drama Connections* ）（BBC 第一

---

① 近年来，英国出现了一系列关于一些最受欢迎的电视表演者的生活和职业生涯的传记片和怀旧剧。例如，《喜剧演员肯尼斯·威廉姆斯》（ *Fantabulosa! The Kenneth Williams Story* ）（BBC 第四频道，2006 年）、《范妮的恐惧》（ *Fear of Fanny* ）（BBC 第四频道，2006 年）、《喜剧之殇》（ *The Curse of Steptoe* ）（BBC 第四频道，2008 年）、《埃里克与厄尼》（ *Eric and Ernie* ）（BBC 第二频道，2010 年）和《海缇》（ *Hattie* ）（BBC 第四频道，2011 年）。

频道）、《戏剧轨迹》（*Drama Trails*）（ITV 第三频道）。档
案杂志类节目：《献给周末》（*Something for the Weekend*）
《周日往事》（*Sunday Past Times*）（BBC 第二频道）。重温类
节目：《回到……》（*Return To...*）系列（BBC 第二频道，
重温 20 世纪 90 年代的纪实肥皂剧）、《明星丛林生存实录：
比金斯回来了》（*I'm a Celebrity Get Me Out of Here! Biggins
Goes Back*）（ITV 第二频道）。类型史：《艺术电视形式》
（*The Art of Arts TV*）（BBC 第四频道），《埃里克·布里斯托
的金箭》（*Eric Bristow's Golden Arrows*）（ITV 第四频道）。历
史再现类：《盒子上的利物浦》（*Liverpool on the Box*）（BBC
第四频道）、《火星上的真实生活》（*The Real Life on Mars*）
（BBC 第四频道）。电视评论类：《查理·布鲁克的屏幕刷
子》（*Charlie Brooker's Screenwipe*）（BBC 第四频道）、《哈
利·希尔的电视饱嗝》（*Harry Hill's TV Burp*）（ITV 第一频
道）。[①]

　　随着向多频道数字电视服务的转变，越来越多的电视
"空间"需要被填补。以上简单的分类法给出了档案被重新
利用以填补这些空间的一些方式，而大多数节目都在小众的
数字频道上播放。根据康帕雷（Derek Kompare）的研究，
这些频道通过收购和推广适合其形象的节目来建立自己的品
牌。可见，电视**作为**历史既无处不在，同时又被边缘化了。
因此，我们对过去电视的阐释、赋予的价值及其新旧特质的

---

① 这些示例仅为各类节目的代表，并非该期间计划节目的完整清单。

对比，不可避免地要根据电视档案材料的呈现方式，以及所采用的再语境化策略来衡量。档案类电视节目的编排呈现一种再语境化的形式：存档的"观看列表"在数字频道上尤其常见，由此产生了"意义的集群"（Ellis，1982：118）。通过幕后花絮的评论或编剧和演员的简介框定原始节目，数字频道可以提供定制的观看套餐，从而与电视影碟额外的"附加值"展开竞争。此外，怀旧电视节目"喜剧－过时"100 的特点被更广泛地认为是另一种再语境化形式，这些节目通过怀旧电视或盘点类节目，对电视档案里"喜剧""媚俗"和"复古"的内容重新包装，并加以利用。用蒂姆·奥沙利文的话来说，这种形式通过"将过时的旧事物与新的潮流并置"来强调这些品质（1998：203）。例如，英国第四频道的《电视天堂，泰利地狱》（*TV Heaven*，*Telly Hell*）系列（2006—2007 年），部分是怀旧节目，部分则是"过时的喜剧"（Marc，1984：8），抓住了怀旧节目形式矛盾的核心。这档节目在很大程度上参考了《第 101 号房间》（*Room 101*）（BBC，1994 年）的形式，喜剧演员肖恩·洛克（Sean Lock）邀请一位名人嘉宾来分享他们对电视的爱和恨。这个系列中，坐在屏幕两侧的洛克和他的嘉宾对所选档案材料进行幽默点评，演播室则充满了"高度风格化"和"复古感"①，配有迪斯科舞球、毛绒地毯，并在布景设计中

---

① 德里克·康帕雷对美国电视的怀旧节目进行了持续调查，他提到了"电视重播的'精品'模式"，这种模式为展示过去的电视节目创造了"高度风格化的空间"（2005：xvii）。

重复使用老式电视屏幕上标志性的"凸起矩形"图案。（见图 4.1）。在这个例子中，怀旧成为一种特殊的运作模式、一种可识别的风格或框架，我们能够通过它来一窥过去的电视。

图 4.1　肖恩·洛克和约翰尼·沃恩在
《电视天堂，泰利地狱》第 1 季第 3 集

（丽莎·埃文斯导演，Objective 制作公司、英国第四频道制片，2006 年）

作为定义最明确的怀旧电视类型，"倒计时"节目往往 101 持续几个小时，有时会从《广播时报》（*Radio Times*）等演出信息杂志的观众投票中选取题目。诸如《100 个最伟大的儿童电视节目》（*The 100 Greatest Kids' TV Shows*）（英国第四频道，2001 年）或《最伟大的电视喜剧时刻》（*Greatest TV Comedy Moments*）（英国第五频道，2005 年）这样的节目，提出了基于"值得纪念的时刻"这一概念的电视普遍准则，同时通过电视节目经典化，将某些时刻构建为值得纪念的时刻。在节目、流派和形式方面也存在着价值等级，有些节目、流派和形式会被奉为典范，例如，戏剧和喜剧就享有明显的特权。可以说，盘点类节目重新生成对经典文本的有限利用，反过来又可以被视为电视集体记忆的再现，引起人们对电视历史和记忆管理的关注。例如，经常被评为英国电视喜剧史"最伟大的时刻"的《只有傻瓜和马》（*Only Fools and Horses*）（BBC 第一频道，1981—2003 年）中的德尔男孩（大卫·杰森［David Jason］饰）从栏杆上摔下来的镜头，就通过其经典化和反复播放，被塑造成英国电视最伟大时刻之一。必须提出的一个问题是，这些怀旧形式对电视档案的修改利用，是否意味着我们只是被灌注了符合商业利益的相同记忆，从而复制了对电视本身和更广泛社会和文化历史的狭隘看法。例如，对于 20 世纪 70 年代的流行表征，戴夫·哈斯拉姆（Dave Haslam）提及"历史的流行乐化"，认为怀旧电视制造了一个"由一些最普通、最明显的符号主导的 20 世纪 70 年代形象，如比吉斯乐队、喇叭裤、平底鞋和 ABBA 乐队……那个年代是没有原始性和不可预测性的历史"（2007：1）。在此，电视形式再次参与"驯服"更复杂历史和记忆的过程，将过去的一切掩盖在止痛药的安全之下。

　　作为历史的电视，同样受制于电视历史中出现过的许多准则、惯例和趋势，用柯文·克莱恩（Kerwin Klein）的话

说，记忆可以作为一种软化历史的方式运作，使历史更容易
被理解。从三流艺人对迪厅**亮片**和**噼啪声**的回忆，到电视名
人在摆拍之下与电视档案中的自己的邂逅，记忆和怀旧是观
看电视档案的主要方式。通过它们，我们得以瞥见对电视档
案进行高度筛选后的画面。个人逸事和回忆也为电视档案的
随意性提供了语境和意义。

　　对乔·莫兰（Joe Moran）而言，怀旧节目揭示了"日
常生活中平庸的物品……是多么容易被赋予情感的意义"　102
（2002：159）。莫兰和奥沙利文都把那些可能被认为是毫无
深度和肤浅的文本与它们所触发的情感意义联系起来，认为
它们能够唤起"文化与情感（不）安全感的**深层**形式"
（O'Sullivan，1998：203）。我感兴趣并探究的是，我们对电
视自身历史的反应和理解，如何被不同的形式所调和。就怀
旧性的再语境化收藏而言，它揭示了人们对电视历史的态度
是如何通过对过去和现在的拼贴来构建的，并借助了自传
性、代际和文化记忆的不同途径加以归类。

　　回　忆

　　于我而言，"关于电视的电视"还有一个重要意义，那
就是这种"体裁"有意思的部分在于，它不仅指向我们记
住了什么问题，也质疑我们是如何记得的。怀旧电视的特点
是对记忆的期待进行戏谑式的处理。其中，回忆的愿望可以
转化为记忆的愉悦和怀旧所产生的深厚感情，但这种愉悦和
感情又容易受到记忆的错误或无法识别所带来的失望的影

响。尽管"回报"不尽相同，但怀旧电视的乐趣来自好奇和期待：它是我记忆中的样子吗？我们曾经是这样的吗？这些乐趣在一定程度上解释了大受欢迎的"倒计时"类节目的吸引力所在。

作为一种参与形式，怀旧更多是一种关于去记住，而非去重新体验的愿望：回想，而不是复原。我本人对怀旧电视的理解来自简·皮克林（Jean Pickering）关于怀旧是一种"休闲活动"的概念。对皮克林来说，怀旧"似乎与华兹华斯的诗歌理念有共同之处，即'平静中的回想'，它的表现既需要转移注意力，也需要深思熟虑"（1997：207）。至少在这一章所讨论的形式中，怀旧电视涉及有意识、有目的地对过去的电视进行回忆——关于电视的电视，它如何重新制作、混淆和重构电视本身，如何构建和拷问过去、现在以及我们对记忆和回想的期待之间的关系。在这个意义上，怀旧电视也涉及戴尔对拼贴的理解，它足以阐明"对过去的同一性和差异性辩证关系的感受"，并"在我们与（该）过去的关系之间**发挥作用**"（2006：177）。与这种拼贴模式相似，怀旧电视鼓励批判性思维和情感参与共存。正如帕姆·

103　库克（Pam Cook）的观点，就怀旧电影而言，观众与过去表征的互动不仅需要一种认知性的回应，同时也需要一种想象式和表演式的反应（2005：4）。

库克的论述力图避免传统的等级制度，将怀旧视为与历史和记忆共存的一个连续体，这是对怀旧概念进行的部分修正，也体现学者对怀旧及其用途日益增长的跨学科兴趣

（见 Wheeler，1994；Tannock，1995；Boym，2001；Grainge，2002；Pickering and Keightley，2006）。这项修正工作试图将怀旧及其潜力从更多的贬义、保守和简单化的应用中拯救出来，并将怀旧的概念复杂化，认为它本质上是不真实的、非历史的、情感化的、倒退的和剥削性的（尤其指在商业方面）。虽然这个表述富有意味的词源及其最初作为瑞士士兵的思乡病诊断标签，为我们提供了一个相对可靠的起点，但自 17 世纪怀旧概念提出以来，其含义的变化和用途的多变，使其成为一个复杂的概念。正如亚当·穆勒（Adam Muller）所观察到的，"即便是最有学问的怀旧批评者，也承认它是自相矛盾的"（2006：739）。

鉴于怀旧的意义随着时间的推移而变化，特别是被认为从描述一种情感反应变成空间位移，再到由时间错位产生的失落感的转变，诚如皮克林和凯特利所言，怀旧的"含义不尽相同"（Pickering and Keightley，2006：929）。在此，我想通过电视剧《火星生活》（*Life on Mars*）来探讨和说明电视怀旧的矛盾性和游戏性，并讨论怀旧如何在与空间和时间的博弈中成为一种批判模式，促使人们反思变化和延续。正是在这种比较功能中，怀旧在身份、社群和历史联系形式的协商中发挥作用，也在我们当时如何、我们现在是谁以及我们想去哪里的话语中扮演角色。怀旧可以让人逃离当下，将过去理想化，但也可以让人重拾对当前进步的信念。虽然怀旧总是关于失去，但复原并非目的，回家也并非总是受到欢迎。

《火星生活》（BBC，2006—2007 年）

> 我是山姆·泰勒。我经历了一场事故，然后在
> 1973 年醒过来。我究竟是疯了，处于昏迷状态，还是
> 回到了过去？不管发生了什么，我就像是降落在一个不
> 同的星球上。如果我现在能找出原因，也许就能回
> 家了。

104　　　总共两季的《火星生活》（*Life on Mars*）无论在口碑还
是商业价值上都是 BBC 的成功之作。随后，以 1981 年为背
景的衍生剧《灰飞烟灭》（*Ashes to Ashes*）（BBC，2008—
2010 年）大获成功。2008 年，美国广播公司也制作了一部
备受瞩目的美版《灰飞烟灭》，但后来反响平平。

　　一次车祸之后，来自 21 世纪的侦探山姆·泰勒（约
翰·西姆［John Simm］饰）在 1973 年醒来。该剧留给观众
的核心谜题也是它的标语——山姆究竟是回到了过去，处于
昏迷状态，抑或只是疯了？被困于过去的山姆与探长吉恩·
亨特（菲利普·格伦尼斯特［Philip Glenister］饰）合作，
开始在 20 世纪 70 年代的警察局工作。该剧的趣味性和自我
反思性引起了学界的兴趣，因为这部剧本身成为警匪类电视
的历史记录和形式演变的框架（参见 Downey，2007；
Chapman，2009）。怀旧则成为研究该剧意义和影响的另一
个框架（参见 Tincknell，2010）。在这一节中，我将试图把

这两个研究方向结合起来。

旧日冲击

这部剧通过一个同时包含认同和陌生化/疏离感的结构，引发人们对记忆过程的关注。在第 1 集的一个片段中，山姆在 1973 年醒来后显然仍处于震惊之中，并确信他的大脑在作怪。在与亨特发生多次暴力冲突之后，镜头对准山姆，他大步流星地走在曼彻斯特一条繁忙的街道上。当未来的恋爱对象、女警察安妮（Liz White 饰）追上他时，山姆解释了自己的动机。他决心让自己摆脱这种状态，说道："我的大脑只能捏造这么多细节，所以我要一直走下去，直到我再也想不出任何面孔或街道。我认为这只是……"山姆气恼地甩开双手，他的手势促使安妮和摄像机将注意力转移到街道环境上。随后，镜头进行 360 度旋转，展现了山姆现在所处的世界。20 世纪 70 年代日常生活的场景随即呈现在观众面前：商店门面、时装、公共汽车、轿车等都成为这一怀旧景象的内容。当镜头回到山姆和迷惑的安妮身上时，她问："只是什么？"而山姆的回答则越来越令人费解："这只是疯狂！"

约翰·考吉（John Caughie）说："我们对老电视的一瞥……似乎与老照片一样，起到了一种**想象式博物馆**的作用。正如安德烈亚斯·胡伊森认为的，这座博物馆可能会提醒我们过去的非同步性，提醒我们与我们自身的不同之处。"（2000：13）这里所说的"旧事物的冲击"既指电视

105

的"过时的喜剧",也指往日电视具有"喜剧－过时"的特质。然而,这种"冲击"在这部剧中以不同的方式呈现,使我们能作为一个民族来审视"我们与我们自身的不同之处"。这点通过山姆·泰勒面对 1973 年的"疯狂"反应得到清晰呈现。以上一连串的镜头移动标志着山姆成为我们的主要识别点,因为"旧事物的冲击"是通过他的经历来化解的。他往前的动作将镜头推向后方,将他的动作定位为场景的焦点;而正是他气急败坏的手势,向安妮示意 1973 年的"荒谬",使镜头产生了 360 度的平移。① 也许有人会说,在《火星生活》中,过去不仅是一个陌生的国度,还是一个不同的星球。② 该片段的景观式呈现和原声带使用了谁人乐队(*The Who*)的歌曲《巴巴·奥莱利》(*Baba O'Riley*),伴随着场景的开场到第一句歌词的迸发,伴随着镜头平移,有助于消除观众对 20 世纪 70 年代环境的陌生感。但该剧在真实再现时代细节的过程中,揭示了电视怀旧的另一种乐趣,即其对现实记忆(living memory)的吸引力。

演员约翰·西姆对这种"冲击"的表演呈现是该剧首集和之后效果的核心。车祸发生后山姆"苏醒"的场景,揭示了其表演的重要性,这点在对比美国版本以及杰森·奥玛拉(Jason O'Mara)扮演的山姆时十分明显。这两个版本

---

① 另一方面,安妮显然是 1973 年世界的一部分。当山姆进入场景时,她已经置身其中,并对他的古怪行为感到越来越困惑。

② 参见作家 J. P. 哈特利(J. P. Hartley)《幽情密使》(*The Go-Between*)(1953)的著名导言:"过去是一个陌生的国度,那里的人做事的方式与众不同。"

在镜头的构造和序列上极为相似，都使用了 360 度的平移，不过美版是围绕着人物展开的，原版中的对白针对美国观众进行了调整（移动电话变成了手机）。在两个版本中，大卫・鲍伊（David Bowie）的歌曲《火星生活》（*Life on Mars*）在剧情声音（iPod 和汽车音响中的八音轨）和非剧情声音之间转换，但在场景的关键点（醒来和对改变后的城市景观的揭晓）则保留着原声配乐。这些技巧将人物置于一个陌生、壮观而又熟悉的新景观之中。

　　英版中的演员西姆采用了一系列手势来展现山姆的迷失。与菲利普・格伦尼斯特对吉恩・亨特的塑造相比，他在该剧中的表现必然是低调的，因为后者是一个顽固不化的男性角色，夸夸其谈，大男子主义十足。相比之下，西姆所捕捉到的强烈体验则是通过人物的内心、脆弱和豪迈来表现的——他闭上眼睛，仿佛不敢相信这一切；他咽了咽口水，捏了捏鼻梁，对着 1973 年的警察嗤之以鼻。西姆在此捕捉到令人印象深刻的各种情绪，同时又不失场景的严肃性或喜剧性。与杰森・奥玛拉对震惊的单一表达方式即眉头永远紧锁相比，我们不能不承认西姆的表演更为细腻和丰富。　106

　　在每个版本的场景结束时，都有一个"揭秘"环节，用以特别指明行动发生在不同的时间，但地点相同。西姆饰演的泰勒从他醒来的建筑工地跑出来，看到一块写着曼彻斯特及其"空中高速公路"的广告牌（见图 4.2）。这块广告牌描绘了山姆之前所在的高速公路，当他匆忙走出画面底部时，一个升降镜头向后并向上方追踪，一片尚未被改造的城

市景观出现在观众眼前。美国版本的"揭秘"可以说更具
破坏性，建立了一种不同形式的"冲击"，打破了表演和时
空创造的连续性。在这个版本中，泰勒并没有离开现场，在
与 1973 年的警察交谈时，他转过身来面对镜头，抬起了头。
镜头从泰勒身后切换到低角度的计算机生成图像，泰勒看到
了世贸双子塔在正午的阳光下熠熠生辉，俯视着他，雨云在
远处不祥地聚集（见图 4.3）。片段结尾有意识地模拟世贸
中心的存在是一种有效的揭示，尽管具有很强的操纵性，但
这种形式的还原打破了对 1973 年纽约的构建。虽然世贸大
厦是过去城市景观的一部分，但在这里，它们的壮观呈现并
107 非指向 20 世纪 70 年代，而是指向另一个不同的创伤过往，
即其在 2001 年 9 月 11 日的轰然倒塌。

图 4.2　1973 年尚未被改造的曼彻斯特，

《火星生活》第 1 季第 1 集

（贝瑞特·奈鲁利导演，Kudos 电影电视公司、Red Planet、BBC 制
片，2006 年）

图 4.3　1973 年破坏性修复的纽约，
美版《火星生活》第 1 集"这里的田野"

（加里·弗莱德导演，Kudos 电影电视公司、20 世纪福克斯、ABC 制片，2008 年）

这两个剧作版本的不同处理和揭秘，不仅体现了各自的相对成功和失败，同时展现了时代背景的特殊构建，以及泰勒的角色塑造和演员表演如何成为该剧创造辨识度和陌生化的核心。过去与现在关系的基调，正是从这些方面开始形成。

彩虹之上

《火星生活》的创作者曾明确表示，该剧旨在对 20 世纪 70 年代的怀旧表征发起挑战（参见 Downey，2007）。基于"怀旧是渴望理想化的过去"这一理解，《火星生活》无疑提供了一个更复杂的世界观，因为 1973 年的曼彻斯特远非理想化的存在。然而，正是山姆"回家"的核心诉求，使得该剧首先成为一个怀旧的叙事。整个剧集对"家"的不同表述，也使该剧在空间和时间上都与怀旧有关。对山姆而言，家是他于 1973 年在曼彻斯特度过的尚未经历转折的童年（在他父亲失踪之前，第一集的结尾揭开了这个谜题）。家也是他迫切希望回到的未来的 2007 年，并最终变为当下的成年山姆逐渐爱上的 1973 年。

在第 2 季的最后一集，当山姆终于回到未来时，他清楚地意识到家的意义的变化。当一个为挫败铁路抢劫案所设的计划出现灾难性失误，队员们遭到武装团伙的射杀时，高级警官弗兰克·摩根（拉尔夫·布朗［Ralph Brown］饰）将山姆引到铁路隧道的安全地带，许诺只要抛下队员并让亨特顶罪，山姆便可立刻回家。山姆走进隧道的黑暗中，随后他身处一家现代医院，刚从昏迷中醒来。但他发现摩根明显是其外科医生，一直在对他微笑，这部剧的核心谜题也就随之揭开。然而，山姆的"回家"是短暂的。他无法重新融入这个未来的世界，他被内疚和失落困扰，想起 1973 年铁路酒吧的神秘酒保温斯顿对他母亲说的话："你知道一个酒保……一个酒保曾经告诉我，你知道自己什么时候还活着，因为你能感觉到；你也知道什么时候自己已经死了，因为你不会再有任何感受。"此外，两个时代截然不同的色调，代表了山姆对回家的态度。与 2007 年混凝土、玻璃和镀铬的曼彻斯特大都市相比，20 世纪 70 年代的棕色和焦糖色不再是充满腐败和歧视的烟草味北方的象征，而代表了温暖、魅力和情感之所在。[1] 山姆被囚禁在了现在，伴随着歌手伊瑟瑞·卡玛卡威乌欧尔（Israel Kamakawiwo'ole）的忧郁版《彩虹之上》（*Over the Rainbow*），他静静地打量着改变了的人群和城市景观，百叶窗、钢制扶手、栏杆、链条和护柱不断将他框住（见图 4.4 和图 4.5）。回到第 1 集结尾的地方，他以生命为代价获得自我解脱，最终从警察总部的屋顶上跳了下来——这一次，他是为了回到 1973 年去营救他的朋友们。

图 4.4　山姆离开医院，《火星生活》第 2 季第 8 集

（S. J. 克拉克森导演，Kudos 电影电视公司、BBC 制片，2007 年）

---

[1]　制作风格本身就会过时。

图 4.5　人群中孤身一人的山姆,《火星生活》第 2 季第 8 集

(S. J. 克拉克森导演, Kudos 电影电视公司、BBC 制片, 2007 年)

这种转变的意义并不模糊。首先, 有意思的问题是, 这种转变如何回应人们对 1973 年世界的日益熟悉以及与剧中人物建立的感情。山姆回到 2007 年, 在很大程度上背叛了剧中角色之间以及角色与观众之间已经建立的联结。其次, 山姆对回家的反应, 即表现出的空虚、失望和疏离感, 呼应了博伊姆对怀旧的讨论。通过结合豪尔赫·路易斯·博尔赫斯 (Jorge Luis Borges) 对《奥德赛》(*The Odyssey*) 的观察, 认为尤利西斯回家后变得"怀念游牧式的自我", 博伊姆写道:"回家并不意味着身份的恢复, 它并不意味着在想象的虚拟空间中结束旅程。现代的怀旧者既思乡, 又厌家。"(Boym, 2001:50)

在《火星生活》中, 家是一个不断变化的场所, 对它的复原表明, 在保留怀旧愿望和怀旧评价的潜力时, 需要保持必要的距离。我们可以结合博伊姆的"反思性"怀旧这

一概念来考虑这个问题："此处的重点不在于恢复被认为是
绝对真理的事物（家），而在于与历史和时间流逝的和解。" 110
（2001：49）[①]《火星生活》揭示了电视**如何**对我们的变化和
延续性产生重要影响，同时也是这一影响的例证。电视记忆
和怀旧的比较功能凸显过去和现在个体、文化和国家身份之
间的复杂关系，成为一面"后视镜"，映照出我们曾经是
谁、我们如何变化（O'Sullivan，1998：202 - 203）。这就是
《火星生活》的关键潜力所在，它邀请观众进行一场"复杂
的观看"（Nelson，2007：179）。

旧瓶新酒

山姆·沃拉斯顿（Sam Wollaston）在《卫报》（*The
Guardian*）这样评价《火星生活》第一集："如果想找一个
数学公式来总结的话，那就是《警务风云》（*The Bill*）乘以
《神秘博士》等于《除暴安良》。"（2006）这一描述精确概
括了这部剧的内容，指出了该电视节目潜在的公式化性质
（其公式化程度不亚于沃拉斯顿的大众电视评论形式），同
时也凸显该剧所展现的通用趣味性。在《火星生活》中，
通过电视的过往及创作者对犯罪类型片的有意运用，1973

[①]　斯维特兰娜·博伊姆（Svetlana Boym）通过对怀旧（"nos"意为"家"，
"algia"意为"痛苦"）的词源学分析，将怀旧概念化为两种变体："修复性"怀
旧强调前半部分，"希望重建失去的家，修补记忆的缺失"，而"反思性"怀旧则
"停留在痛苦中，停留在渴望和失落中，停留在不完美的回忆过程中"（2001：
49 - 50）。

年的日常生活细节透露出来。该剧借助《除暴安良》（*The Sweeney*）（*ITV*，1975—1978 年）所代表的 20 世纪 70 年代犯罪剧情的符号实现了这一点，借用夏洛特·布伦斯顿（Charlotte Brunsdon）的描述，这包括：福特 Cortina 汽车"刺耳的轮胎声"，约翰·肖（John Thaw）饰演的探长杰克·雷根的"大男子主义传统"，以及受此启发的由格伦尼斯特扮演的咄咄逼人且不苟言笑的探长吉恩·亨特（2000：196）。但我们可以认为，该剧集也回应了布伦斯顿提出的关于 20 世纪八九十年代警务剧的核心问题。由于政策、技术、管理和歧视等问题往往是故事情节的核心，"谁能当警察"与"谁该负责"这类问题显然与《火星生活》产生共鸣。这些问题主要出现在山姆和吉恩之间的文化冲突以及他们不同的警务风格中（"啤酒肚式"的办案直觉之于《犯罪现场调查》式的强调证据）。虽然该剧的喜剧风格提供了幽默的源泉，但这种怀旧运用与关注特定问题的体裁之间的关系向我们展示了，电视可以如何开启与另一个时代的具体对话。

在《火星生活》中，山姆·泰勒的困境被传送回一个可辨认的当下电视景观，这为电视作为连接过去与现在的入口提供了一个巧妙的注解。电视机成为该剧及其"时间旅行"叙事的核心，山姆往往是通过电视节目回到现在的"生命线"的。这是他在过去和现在之间穿梭的入口，因为亲人和医生会出现在 70 年代风格的节目中，向昏迷的山姆传递信息。在他的梦境中，BBC 测试卡上的女孩从电视机中走出来，出现在山姆的房间里，为他的困境提供加密信

111

息。这种走出电视的呈现可谓对恐怖体裁的一种致敬，此处的陌生化变得离奇。第 2 季播出时，每一集之前都有一个时间上的审美转变。在每集开始前的一瞬，插播片段的播放似乎被中断了，70 年代的测试卡和彩条在屏幕上闪烁，同时伴有磁带倒带的声音和静电。电视似乎正在中断或倒退回另一个时代。随后，切入 70 年代 BBC 第一频道的标识，播音员开始介绍节目，他的 BBC 播音腔和尖细的音质与过去截然不同。这种新旧交替的框架在第 2 季的宣传中得以运用，并成为其宣传推广的关键，剧集的预告片和《广播时报》（*Radio Times*）的专题报道都采用了 BBC 在 70 年代的品牌推广风格（见图 4.6）。

图 4.6　《火星生活》第 2 季的预告片

（BBC，2007 年）

《火星生活》的播出背景和宣传揭示了电视特别是频道

标识的怀旧价值。近几年来，往日标识的标志性图像和声音被重新使用，如 2007 年英国第四频道的 25 周年庆典和 2010 年 BBC 第二频道的 80 年代演出季。频道标识可能通过频道在特定时期的重复使用，成为电视记忆的一个唤醒标志。图形、音乐和声音的独特使用，使观众在再次看到频道标识时就能加以区分，这可谓是记忆的结晶，唤起了观众对那个年代的一系列联想。《火星生活》使用 70 年代 BBC 标识的重要启示还在于，BBC 如何将泰晤士电视台的《除暴安良》作为传统的一部分，重新加以回收利用。

　　《火星生活》展示的通用趣味性和自我反思性提供了一种视角，我们可以将怀旧视为电视参与的一种特殊形式。此处，我回到了重复的概念，但其不同之处在于凸显了连续剧叙事的"返回时刻"。在《火星生活》的案例中，怀旧电视的这种有差异的重复特征与通行的制作惯例和趣味性有关。约翰·考吉（John Caughie）在论文《阿多诺的批评》（*Adorno's Reproach*）中研究了电视剧的一般的趣味现象，借助琳达·哈钦（Linda Hutcheon）的观点（她也将戏仿视为以有差异的重复为特征的再现），考吉认为，共谋和距离既可以被视为"一般混合形式的参与特征形式"，也可以被视为"电视批判能力"的定义（1991：151）。在怀旧电视的例子中，可以说，亲近和疏离之间的变化决定了这种批判能力，同时也使观众能够在情感上参与感性记忆。这一点或许可以从《火星生活》这类电视剧所采取的认同和疏远策略，以及对回忆过程的趣味性处理中得到启示。虽然怀旧文本充

112

满了各种形式的渴望和失落，但对我们曾经是谁、我们如何改变的怀旧评价，也能产生一种批判能力。

虽然这点概括了怀旧电视的一种参与形式，但我们也可以考察怀旧如何作为一种元通用的结构进行运作。电视可以被视为在"重复的制度"下自己制造怀旧，并在重新再语境化的策略中标志着差异。然而，怀旧电视并不总是象征创新和差异，也许很少有人从这些角度来思考怀旧电视，因为它往往过度依赖曾经成功的模式和过去的辉煌。竞争激烈的电视市场凸显了创意和传统之间的张力，但在这里，怀旧作为一种数学公式出现，提供了另一种安全回返的形式。

机构性怀旧   113

BBC 与斯蒂芬·波利亚科夫的品牌重塑

随着新媒体技术和新的消费形式（DVD、在线流媒体、下载等）竞争，电视行业与其他行业一样，也面临着许多不确定性。对"美好的过去"或更安全时代的怀念，往往是一种面对变化和危机时的回应。这或许可以解释电视节目翻拍的趋势，因为回归现有和曾经成功的模式提供了一种安全感，而且往往会吸引之前已有的受众。近年来，随着翻拍、重塑、前传、续集和衍生剧的不断涌现，各种早期成功的电视剧和喜剧作品纷纷回归大众视野。除了《火星生活》衍生剧《灰飞烟灭》，还有《神秘博士》（*Doctor Who*）

（BBC，1963—1989 年；BBC，2005 年起）和《囚徒》（*The Prisoner*）（ITV，1967 年；ITV/AMC，2009 年）的重新制作。新一代人看到了新版《罗宾汉》（*Robin Hood*）（BBC，2006—2009 年），而在《楼上，楼下》（*Upstairs Downstairs*）（ITV，1971—1975 年；BBC，2010 年）中，新一代观众则与老一代观众并肩作战。《今生今世》（*This Life + 10*）（BBC，1996—1997 年；BBC，2007 年）和《生在庄园》（*To the Manor Born*）（BBC，1979—1981 年；BBC，2007 年）对老朋友进行了探访，而《摇滚与薯片》（*Rock and Chips*）（BBC，2010 年）则为《只有傻瓜与马》的创作团队想象出一段新的历史。① 美国电视也有不少翻拍作品，其中包括青少年剧《飞跃比佛利》（*Beverly Hills，90210*）（Fox，1990—2000 年）与《新飞跃比佛利》（*90210*）（The CW，2008 年起）；爱情剧《飞跃情海》与《新飞跃情海》（*Melrose Place*）（Fox，1992—1999 年；The CW，2009—2010 年）；科幻剧《太空堡垒卡拉狄加》（*Battlestar Galactica*）（ABC，1978—1979 年；Sci‑fi，2004—2009 年）与《V 星入侵》（*V*）（ABC，1983—1985 年；ABC，2009

---

① 此外还出现了一系列回归的问答和游戏秀节目，包括《家庭财富》（*Family Fortunes*）（ITV，1980—2002 年）更名为《全明星家庭财富》（*All Star Family Fortunes*）（ITV，2006 年起）重新播出；《角斗士》（*Gladiators*）（ITV，1992—2000 年；ITV，2008 年）；《喜剧之星》（*Shooting Stars*）（BBC 第二频道，1993—1997 年；BBC 第二频道，2008 年起）；以及《安特和德克的游戏秀马拉松》（*Ant and Dec's Gameshow Marathon*）（ITV，2005—2007 年）周六茶点时间的热门节目汇编。

年起）。

　　在这些剧作将观众与他们对原作的记忆联系起来的同时，最成功的作品还对原作进行了某种形式的反思，并激发起潜在的共鸣。这些翻拍、重新创作和革新提供了一个锚点，但也是在过去的成功基础上推销现在与未来。有鉴于此，我将特别考察英国广播公司的做法，通过 BBC 式的怀旧概念来思考记忆的机构性实践。

　　BBC 时常通过记忆和传统的话语来宣传自己，相关案例已经在本书的其他章节中分析过了：第一章中关于 BBC 移动新闻服务的宣传，以及第三章围绕纪录片《客从何处来》的成功衍生的讨论。在此，我想提出的问题是，当 BBC 的广告词从"这就是我们所做的"（2006 年章程更新活动的标语）变成了"这就是我们做过的"，随着复兴变成了重复，其内容的创意、创新和价值等问题会受到怎样的影响？虽然 BBC 肯定不是唯一一家进行"机构性怀旧"实践的机构，但就本研究而言，它是讨论与怀旧有关的创造力和传统等概念的一个有启发性的焦点。正如菲利普·施莱辛格（Philip Schlesinger）所强调的："创造力（被定义为创新的节目制作）被视为 BBC 的核心竞争力，这与其长期以来形成的传统是一致的。"（2010：275）此外，我还想重点谈谈关于斯蒂芬·波利亚科夫的案例，考察其在过去十年中如何作为 BBC "皇冠上的明珠"受到推广，以及这对构建电视的"黄金时代"产生了何种影响。

　　斯蒂芬·波利亚科夫的职业生涯始于戏剧，曾从事过电

114

影工作，但最出名的是他的电视作品。这些作品是在他与BBC 的 30 年合作关系中制作的，他常常既是编剧又是导演。波利亚科夫第一部主要电视作品是获得英国电影与电视艺术学院奖的《列车上的追捕》（*Caught on a Train*）（BBC 第二频道，1980 年），该片为 BBC 第二频道剧组制作，由佩吉·阿什克罗福特（Peggy Ashcroft）和迈克尔·基臣（Michael Kitchen）主演。然而，这种成功的水准直到 1999年《拍摄往事》（*Shooting the Past*）播出时才被重新审视。《拍摄往事》被视为波利亚科夫自称无关联的三部曲的第一部，随后是 2001 年的《完美的陌生人》（*Perfect Strangers*）和 2003 年的《失落的王子》（*The Lost Prince*）。虽然三部剧都广受欢迎并好评如潮，但《失落的王子》是波利亚科夫迄今为止最成功的作品，收视率高达 1300 万，并获得艾美奖。三部曲的成功确立了波利亚科夫在 BBC 乃至英国电视剧史及其"优秀传统"中的地位。在《失落的王子》后，他又受委托编导了两部电视电影——《朋友与鳄鱼》（*Friends and Crocodiles*）（2005 年）和《基甸的女儿》（*Gideon's Daughter*）（2006 年）。其"优质电视创作者"的地位在另外两部备受瞩目的作品《乔的宫殿》（*Joe's Palace*）和《俘获玛丽》（*Capturing Mary*）中再次得到夯实。这两部作品都与美国著名电视剧制作公司 HBO 联合制作，并于 2007 年播出。

对档案的迷恋，记忆、怀旧和历史的主题，以及对现代性、技术和制度变革的关注，一直是波利亚科夫作品的兴趣点，其中还贯穿一种我在其他地方称之为"慢电视"的独特风格。在此，我感兴趣的是，波利亚科夫本人是如何被构建为怀旧对象的，以及这如何与英国电视"黄金时代"的单剧遗产和 BBC 自我形象所强调的传统路线相辅相成。人们可能会注意到，与吉米·麦戈文（Jimmy McGovern）或艾伦·布莱斯代尔（Alan Bleasdale）等其他资深英国电视创作者相比，对波利亚科夫的怀旧宣传被夸大了。他们致力于 115 电视剧的社会现实主义传统，其作品的当代性并没有像波利亚科夫那样对 BBC 的怀旧辞藻进行补充。

作为一名当代的电视戏剧家，波利亚科夫被认为拥有独特的地位，在 BBC 内部享有非同寻常的高度艺术自由。虽然对其作品独特性和原创性的强调来自艺术家的浪漫创作理念，但在业界对波利亚科夫作品的评论中，他被塑造成一个稀有的甚至奇特的人物——一个从英国电视"黄金时代"遗留下来的人。他带来了那个时代的"特质"，尤其是 BBC 在比尔特时代失去的创作自由。这一点在评论家和波利亚科夫本人对单剧消亡的哀叹中都有所体现。波利亚科夫在节目《荒岛唱片》（*Desert Island Discs*）（2005 年 3 月 18 日播出）中以怀旧的口吻介绍了他的首选唱片。对波利亚科夫来说，达斯蒂·斯普林菲尔德（Dusty Springfield）让他想起了《周三剧场》（*The Wednesday Play*）（BBC，1964—1970 年）片头出现的女性形象，让他想起了"那些令人兴奋的日子，你永远不知道会在电视上看到什么"。对于那个更令人兴奋的时代，甚至是戏剧更受"重视"的时代的感叹，似是为了迎合当前的电视环境和对电视历史的怀念。波利亚科夫在当代戏剧中的独特地位可能是因其唤起了戏剧的过去。罗宾·尼尔森（Robin Nelson）赞同这种观点，他认为波利亚科夫本身就是"英国单剧传统"的一部分：身兼编剧和导演的双重身份，"波利亚科夫的作品是最接近'自编戏剧'的作品"（2006：124）。

马克·劳森（Mark Lawson）在《卫报》上发表了一篇关于波利亚科夫和《完美的陌生人》的评论文章，题为"独一无二"，他在文中写道：

> 继屡获殊荣的《拍摄往事》之后，《完美的陌生人》（BBC第二频道）的播出再次给人一种与众不同的感觉。波利亚科夫还获得了在世的纪录片编剧中少有的殊荣：《斯蒂芬·波利亚科夫：拍摄现在》（BBC第二频道）。这也标志着电视史上的一次转变。作为在旧版《晚间秀》（*Late Show*）时段播出的类似节目，该节目就像其灵感来源的电视剧一样，是观众曾经认为理所当然的一种享受。（2001）

格雷厄姆·默多克（Graham Murdock）在对广播电视机 116 构促进创作者和创造力的早期研究中认为，对这些元素的推广是"广播电视机构将自己定位为文化多样性的守护者和当代艺术的赞助者的核心所在，这些元素也正是其责任和公共服务诉求的核心"（1980：20）。默多克认为，这不仅仅是自我展示的问题，杰出剧作家和作家的自由程度也证明了对创造力和个人表达的重视。在宣传《朋友与鳄鱼》和《基甸的女儿》时，波利亚科夫在节目《BBC 早餐》（*BBC Breakfast*）（2006 年 1 月 13 日播出）中自豪地笑着说，BBC 甚至还为前一部剧"调整了新闻节目的时间"。虽然这可以说是一个不寻常的编排决定，但它明显起到了宣传波利亚科夫及其作品的作用，将波利亚科夫的作品作为 BBC 稀有且珍贵的商品，即"必看的现象级剧"。与此同时，BBC 第四频道还推出了一季他的作品，以及第二部关于这位戏剧家的纪录片《斯蒂芬·波利亚科夫：现在简史》（*Stephen Poliakoff: A Brief History of Now*）（BBC 第四频道，2006 年）。[①] 在这部纪录片的开篇，一系列演员和评论家都对波利亚科夫大加赞美，这些精选的评论证明了波利亚科夫的"远见""创造力"和"自主性"。波利亚科夫是一位讲故事的大师，在蒙太奇式的声音片段和他的作品摘录中，他被拍到在一个狂风中的公园里散步。当他驻足观察周围环境时，低角度的镜头对准他，他胡子拉碴，穿着皱巴巴的西装，其背影定格在天空下，在夕阳的映衬下，营造出一个符合观众预期的浪漫艺术家式的电视制作人形象。

　　BBC 对波利亚科夫的怀旧式宣传，既将其视为独一无二，又将其视为失传的单一剧目传统以及与之相关的创作自由的一部分。这或许可以解读为 BBC 对当前技术和体制不

---

① 播出之前还在伦敦国家电影剧院放映了影片，并对波利亚科夫及主要演员进行了采访。

确定性及转型时期的回应，即面对竞争和数字化时，重新强调其公共服务的传统。在此，我们尤其可以将《拍摄往事》解读为对现代性和技术变革的沉思，因其具有独特的自我反思内容。波利亚科夫本人与 BBC 长达 30 年的特殊合作关系，让他对该机构内部的变化有了一定的洞察力，安德森和"21 世纪学派"给档案馆带来的威胁，与 BBC 日益严重的官僚化之间可能存在相似之处。正如《卫报》对这位戏剧家的另一篇报道所揭示的那样：

> 波利亚科夫很清楚他现在所处的"后比尔特时代"的环境：那些西装革履的"制片人的选择"给创意剧带来了太多的伤害，他们的任务就是裁员或驯服那些不可靠的创意人。BBC 现在良心不安。波利亚科夫说："在过去几年间，电视剧产量大幅缩水。以前 BBC 还有一个部门叫电视戏剧部。有一年夏天，这个部门完全消失了，媒体对此没有任何哀叹，也基本上没有注意到。这是对单一电影或戏剧的毁灭性打击。我很惊讶他们能逃脱惩罚，但他们做到了。约翰·比尔特（John Birt）应该永远对此感到羞愧。"（Lennon，2001）

不过，莎拉·卡德威尔（Sarah Cardwell）认为，痴迷于"回溯过去"是波利亚科夫讲故事形式的主要特征（2005：191），这也揭示了对某些风格和主题的持续专注，如何被视为展示了一种自创的艺术电视形式。这种形式不仅放慢了电视的脚步，而且陷入了记忆的泥潭和对昔日辉煌的

117

怀念。在波利亚科夫的例子中，我们可以把怀旧作为一种日益制度化的做法，体现出一个国家电视广播公司的特殊情境。在这种情况下，怀旧既是对失去创作自由的一种回应，即渴望重拾失去的东西，也是对失去创作自由的一种解决途径——通过怀旧，将过去的电视形式重新推向市场。

黄金时代与世代

电视制作人、评论家和学者在特定世代受众中的存在支撑着"黄金时代"的构建，这一概念与随后的衰落一起，成为"怀旧修辞的一个关键特例"（Tannock，1995：454）。这种修辞在学术界和大众对电视黄金时代的理解中反复出现，揭示了代际关系对媒介的作用，以及电视怀旧的历史和国家特性。在美国的语境中，威廉·博迪（William Boddy）的《50 年代的电视》（*Fifties Television*）试图解释 20 世纪 50 年代中期北美地区的电视在美学和产业方面的变化，这些变化推动着美国电视从黄金时代迈向商业化的"广袤荒原"（1993：2）。以纽约为中心的实况演出制作和好莱坞系列电影的兴起，是其衰落的主要原因。前者的特点是"自选系列剧的自主性"和"电视编剧的声望"（1993：5）。在博迪的研究中，美国电视的黄金时代对美学实验、节目平衡和自由表达的承诺，与英国单一剧的黄金时代有异曲同工之妙。在这两种背景下，电视黄金时代的剧作质量和价值的衰败问题，都应归咎于商业需要，而这个时代又与艺术家个人

118

形象所体现的创作自主，以及个人表达的浪漫主义观念息息相关。

然而，在北美，大众对黄金时代的理解已然发生了转变，从20世纪50年代早期更具实验性和声望的作品，转变为《老爸最知道》（*Father Knows Best*）（CBS/NBC，1954—1960年）和《天才小麻烦》（*Leave It to Beaver*）（ABC/CBS，1957—1963年）这类家庭剧中所呈现的"美好时光"。德里克·康帕雷认为，这种发生在70年代的转变，是面向50年代更广泛的文化怀旧的一部分。例如，50年代的情景喜剧在70年代重播，成为更稳定、更简单时代的象征。

> 出现于20世纪70年代（与之前相比）关于黄金时代神话的主要吸引力，并不在于节目的"生动性"，而在于它们的"年代感"。在一个日益怀旧的时代，过去的电视视觉和叙事风格，逐渐被视为关于"过去曾经如何"的便捷的视听参考。因此，"黄金时代"的标签被扩大到其他剧集和类型，与最初与之联系在一起的实况演出剧大相径庭。"50年代"是一个模糊的文化范畴，自70年代以来，它的时间跨度从40年代末期，一直延伸到肯尼迪政府执政初期。"黄金时代"在一开始指代时代本身（即美国经济和文化的稳定），而非特定的电视制作模式。（2005：109）

丹尼尔·马库斯（Daniel Marcus）在著作《快乐时光与奇迹年岁》（*Happy Days and Wonder Years*）中描绘了怀旧的

政治功能，尤其是其保守主义应用，并在书中探讨了"上世纪五六十年代对美国当代政治和社会生活的意义"（2004：2）。马库斯质疑了美国政治话语对 20 世纪五六十年代的二元划分，并写道："在 70 年代的怀旧情绪中，50 年代被定义为纯真、安全和充满活力的青春文化时期。然而，当时的许多说法也将其定义为一项不可避免地屈服于成人经历和创伤的运动，这一运动在公众讨论中与 60 年代紧密相连。"（2004：6）这些关于 70 年代对"50 年代美国复兴"的描述，不仅强调了怀旧的保守用途，同时也明显指向怀旧的历史特殊性：电视怀旧的形式究竟如何、为何以及何时出现？119

对 50 年代美国复兴的各种研究与博迪的研究形成了鲜明对比，这标志着怀旧的学术应用与大众文化应用之间的区别，以及机构和从业者对怀旧的运用也加入了这一动态关系。美国的政治和文化论述将 60 年代描述为"进入成人经历"的创伤，而英国则将这十年描述为"摇摆年代"。创新、超越和实验似乎是英国电视黄金时代的特征，而不是建立在过去的稳定和表面纯真的基础上，工业变革再次被认为是英国电视衰落的原因。

肖恩・戴－刘易斯（Sean Day-Lewis）在其主编的英国重要电视戏剧家访谈集的序言中写道：

> 不言而喻，剧本创作的原创空间已大不如前。能够培养编剧人才的委托制片人被淘汰，这并不意味着未来

会更好。整个英国地区性电视的权力集中，意味着所有决定都由缺乏戏剧背景的频道掌控者做出。他们寻找的，是已知的市场吸引力，是"焦点"小组指向的"戏剧人口统计"，而不是编剧的构想。（1998：vii）

当戴-刘易斯依然试图"为传统击鼓"时，"传统"看起来"正在悄然消失"（1998：vii）。这与比格内尔等人主编的研究文集《英国电视剧：过去、现在和未来》（*British Television Drama: Past, Present and Future*）中的多篇文章不谋而合（2000）。该文集收录了与英国电视黄金时代有关的行业专业人士所撰文章，对当时和现在的电视行业进行了回忆与点评。艾琳·舒比克（Irene Shubik）、约翰·麦格拉斯（John McGrath）、肖恩·萨顿（Shaun Sutton）、艾伦·普拉特（Alan Plater）和安德鲁·戴维斯（Andrew Davies）等人，无论是否直接使用了"黄金时代"的标签，似乎都在哀悼过去更自主的电视行业工作方式的消逝——更具体地说，是 BBC 高水准电视剧的消逝，其不再将精力集中于制作高品质的单剧了。

关于黄金时代的讨论往往附带说明，但不可避免地会提到那些"值得纪念的"节目和实践（McGrath, 2000：49）。尽管詹姆斯·麦格拉斯（James McGrath）认为，"黄金时代在文化、社会和政治上都极为落后"（2000：48），但其简短叙述仍流露着对那个时代的怀念，"人们可以感受到责任，可以感到某种自主、某种自尊"（2000：53）。对此，

120

托尼·加尼特（Tony Garnett）表示反对，认为"从来就没有什么'黄金时代'"（2000：18）。他的言辞里充满了斗争的意象（"我与 BBC 进行了一场血腥的战斗""我将继续战斗下去"），从而将他那个时期具有政治和社会意识的戏剧角色神话化了。

约翰·考吉（John Caughie）将英国电视剧的黄金时代定义为 1965 年至 1975 年。虽然考吉对黄金时代思想的怀旧反思提出了警告，认为人们借助"不可恢复且理想化的过去这一棍棒，对物质化的当下进行敲打"（2000：57），但他也指出，"当这个概念指向一个历史时刻，这个时期内固有的一套意义和价值被新的意义和价值所取代，曾经稳定一种文化的传统开始被质疑和改写，而创造性似乎超越了公认的好品位的界限，那么，黄金时代的概念就是有意义的"（2000：57）。通过将电视连续剧放入对更广泛的文化、社会和政治运动的考察，考吉意图将黄金时代与"现实"并置，使其牢牢扎根于"文化的变革与转型"之中（2000：87），而非将其解释为神话和巧合。然而，"黄金时代"这一概念所蕴含的怀旧潜力或问题，被考吉锁定在幻想和欲望的领域，这种怀旧情绪对当代电视制作的影响却没有得到充分探讨。如果 1964 年后那些被改写的意义和价值仍然是英国电视剧的标准，那么，它现在能为我们提供什么具有超越性的潜在价值？我们是否只是在不断地回顾过去，而不是向前看？不过，这种潜在的倒退立场要复杂得多，它与特定一代人的社会和政治抱负有明确关联。以转型和过渡为根基，这个特殊"黄金时代"是建立在对上一代人的否定之上的。这些电视剧创作者和评论家的挽歌式描述捕捉到了一种失去的潜能感，一种本可以实现的东西。但在对未来的怀想中，他们也进行了重新想象：电视将以不同的方式，扮演不同的角色。

在这种情况下，"黄金时代"具有特定的流通性，既可以倒退的方式使用，也可以进步的方式使用。有鉴于此，在所有语境讨论这一术语时，都应涉及这样一个问题：**谁**构建了黄金时代的时期和内容，黄金时代又依旧是谁的黄金时代？对于这一疑问，例如博迪就关注新闻电视评论，对围绕电视黄金时代的批评共识进行了重新思考；而玛德琳·麦克默劳－卡瓦纳（Madeleine Macmurraugh-Kavanagh）也在关于《周三剧场》（*The Wednesday Play*）（BBC 第一频道，1964—1970 年）的研究中提出了一个重要问题：谁被排除在黄金时代的神话之外？虽然考吉承认英国黄金时代强调"奖学金男孩"的性别化①，但电视怀旧的性别化会带来什么影响？电视剧创作者神话的构建与"男性"和单剧相联系，单剧是质量、权威和严肃性的象征，这必然将女性作者和女性题材的电视剧排除在黄金时代之外。通过论证，麦克默劳－卡瓦纳认为，这种"以意识形态为动机的社会文化神话"是《周三剧场》这类节目的遗产（1999：423），"决定

---

① 据称，《皮尔金顿报告》（*Pilkington Report*）发表后，BBC 迅速招募了具有特定政治觉悟的一代人，这对 BBC 及其电视剧制作产生了变革性影响。

了电视剧中性别化作者和性别化观众的角色。三十年过后，女性作家和女性观众仍在与这一历史遗留问题作斗争"（2000：160）。

《电视审判》（BBC 第四频道，2005 年）

BBC 第四频道的《电视审判》（*TV on Trial*）节目显然受到了倒计时类节目和"最佳……"类怀旧节目形式的启发，试图通过"在 7 个晚上播出英国电视过去 60 年的节目，最终以现场辩论和公众投票的方式，选出最受喜爱的 10 年，以此找回英国电视的黄金时代"。[①] 每晚的节目由两位知名的广播电视界人士进行介绍，一位是该节目的拥护者，另一位则是批评者。这两位评论员在一个与其年龄相符的客厅中观看并讨论所选节目（每晚 3 ~ 4 个）。被挑选观看的节目会以蓝色数字背景为框架，突出其在《电视审判》"播放流"中的位置，或通过分屏显示评论员的反应和回应（见图 4.7）。

---

① 2007 年，BBC 第四频道在《儿童电视审判》（*Children's TV on Trial*）中重复了这种模式。

图 4.7　克里斯·邓克利与马克·劳森在《电视审判》

第 2 集中评判《斯托普特父子》

(阿曼达·克雷登导演，BBC 制片，2005 年)

艾伦·普拉特（Alan Plater）曾写道："我们都曾年轻过。从这个更大的意义上说，我们都曾经有过一个'黄金时代'。"（2000：68）因此，被视为黄金时代的节目往往与评论

员自身曾经所处的"年轻时期"特别相关。在《电视审判》
中，"辩方证人"（至少在前三集中）被明确认定为在那个特
定年代尚年轻的专业人士。与此相反，"控方证人"在当时的
节目播出时尚且年幼或还未出生。《电视审判》这个节目特别　122
揭示了，电视遗产的制作者如何受其自身的年代参照和偏好
影响。在这个例子中，不同代的老龄媒体专业人士和评论家
努力将自己的青春封存在黄金时代的范围内。此外，这种形
式还鼓励人们对不同年代以及与当前进行一系列比较。在数
字蓝屏上定格的档案图像，夸大了图像时好时坏的"清晰
度"，促使观众做出比较性的审美判断。对特定节目内容和评　123
论者的选择，也引发了对电视社会文化价值的比较批判。例
如，女记者凯瑟琳·弗莱特（Kathryn Flett）（节目中唯一的
女性评论家）被节目选中，要求对 1955 年情景喜剧《里昂一
家的生活》（*Life with the Lyons*）（BBC，1955—1960 年）中的
性别角色表现进行反思，而英国亚裔评论家萨尔弗拉兹·曼
佐尔（Sarfraz Manzoor）被选中，对 1975 年情景喜剧《爱邻
如爱己》（*Love Thy Neighbour*）（ITV，1972—1976 年）的煽
动性内容进行反思。

　　林恩·斯皮格尔（Lynn Spigel）认为，"一旦我们认识
到，观众有可能在每天的节目表中，在多台联合重播的背景
下解读新节目，那么，电视史就不能孤立地被划分为不同的
时期"（2001：360）。当我们质疑过去和现在的电视形式、流
派和美学的相互作用，对理解电视历史和记忆产生何种影响
时，电视的前数字美学和数字美学并存，构成了电视历史的

大拼盘，既产生了对过去形式的怀旧，也产生了对现在成就的赞美。对代际交替的理解，也同样适用于对这种日益复杂的大拼盘现象的理解。例如，德里克·康帕雷（Derek Kompare）的研究就向我们揭示了，美国怀旧电视节目《尼克深夜档》（*Nick at Nite*）如何在营造美国电视遗产方面发挥核心作用。《尼克深夜档》于 1985 年推出，旨在吸引尼克儿童频道日间观众中的婴儿潮一代父母，"用五彩缤纷的太空时代造型、精彩纷呈的开场和广告画面，唤起婴儿潮一代对 50 年代末怀旧电视梦幻世界的回忆"（2005：81）。然而，随着观众的变化，这种阵容和图标也发生了变化，目前的《尼克深夜档》节目主要由 90 年代的节目组成，以吸引新的千禧一代父母。《电视审判》是这种电视拼盘的另一个例子，强调了"黄金时代"这一概念的流行，以及将"世代"作为"拷问"过去电视的一种框架工具，指出电视与"世代"概念之间的关系是一种值得更多关注的现象。[①]

怀旧框架（2）

引用夏洛特·布伦斯顿（Charlotte Brunsdon）的话说，"电视曾经是新事物，但现在已经过时了"（2008：128）。在

[①] 艾玛·桑顿（Emma Sandon）研究了亚历山德拉宫电视协会的口述史收藏资料，它记录于 1936 年至 1952 年间，是一代人怀旧方式的一个精彩范例。作为根据英国战争精神构建的集体身份的一部分，她的研究揭示了对该协会的成员而言，存在着一种"世代相传的需要，即被视为'与时俱进'"（2007：108）。

这一章的最后，我想谈谈阴极射线电视机（CRT）及其凸起
的矩形框架这一反复出现的视觉主题，它充斥着"关于电视 124
的电视"的设计和画面。在《这就是电视》（*That's What I
Call Television*）（ITV，2007 年）和《荒诞电视秀》（*You Have
Been Watching*）（英国第四频道，2009—2010 年）等节目的演
播室中，色彩斑斓的凸起框架和成排的 CRT 显示器鳞次栉比
（见图 4.8 和 4.9）。老式电视机自我反思地构建了《看电视
毁人生》（*TV Ruined Your Life*）（BBC 第二频道，2011 年）等
讽刺节目或《老大哥》（*Big Brother*）（英国第四频道，
2000—2010 年）这类自我纪念节目中的评论和片段。这些对
过时的媒体物品和图标的自觉展示，让人联想到 80 年代流行
的美学中的"电视设备意识"（Caldwell，1995：13）。[1] 不
过，在这里，作为物品和图像的电视机已经变得媚俗。

---

① 例如，约翰·考德威尔（John Caldwell）描述了"美国有线电视新闻网
（CNN）使用的显示器让人联想到视频艺术装置"（1995：13）。无论是在当时还是
现在，电视设备的自我意识都是为了区分内容的"视觉性"。

图 4.8 《荒诞电视秀》的演播室

（理查德·瓦伦丁导演，Zeppotron、英国第四频道制片，2009 年）

图 4.9 芬恩·布里顿向观众介绍《这就是电视》

（西蒙·斯塔福特导演，ITV 制片，2007 年）

苏珊·斯图尔特（Susan Stewart）写道："媚俗物品的物

质性被分割成不同的声音：过去与现在、批量生产与个人主
体、遗忘与具体化……媚俗物品不是像纪念品那样被理解，
即在个人自传的层面上被理解；相反，它们是在集体身份的
层面上被理解。媚俗物品是一个时代的纪念品，而不是自我
的纪念品。"（1993：167）电视作为一种媚俗物品，两者兼而
有之。它虽是一种大规模生产的物品，但在历史上却与家庭 **125**
这一私密空间紧密相连。电视及其图标汲取了集体身份和个
人自传中的元素。或许，电视不再是现代性的象征，而已成
为怀念这种象征性联系的标志。

在这一章中，怀旧节目和怀旧图标部分被解读为对电视
变革的回应，对现实和想象中的失去产生怀旧情绪。在面向
全国观众进行公共广播的英国传统中，电视向数字化、多频
道、小范围播放的时代过渡，这种转型被认为威胁到了电视
媒体提供的公共领域、共享经验和共有空间。这种焦虑并非
英国广播或电视独有，而是对数字文化非物质化的普遍担忧
的回应。这些焦虑赋予了电视机自相矛盾的怀旧价值。一方
面，玛格丽特·莫尔斯（Margaret Morse）在论述新型投影和
液晶显示系统的到来时提道："我们的符号和文字的盒子被清
空了，语言和手势的外壳散落在空气中。内部变成了外部，
外面变成了内面，没有一个框架能把我们从梦境中召唤回
家。"（1990：140）然而，正如丹尼尔·马库斯（Daniel
Marcus）所观察到的那样，电视框架也可以被视为日益模糊 **126**
的电视景观的一种锚点："在一个以技术和社会变革为特征的
地理流动社会中，电视屏幕始终是熟悉感的象征，是一个稳

定的场所，美国经历的不连续性、碎片化和多变性的表征都通过它来实现传递。"（2004：4-5）在此，我们看到了电视如何既舒适、旧式，同时又承载着特定文化的焦虑。而正是这种既带来安全感，又存在失去的可能性的矛盾象征，使电视成为一种深具怀旧感的技术。

127

第 5 章　电视来世：记忆、
博物馆与物质文化

噩梦之源，沦为展品

　　在新版的英国科幻电视剧《神秘博士》（*Doctor Who*）第一季中，有一集名为"戴立克"（Dalek）。罗丝（比莉·派佩［Billie Piper］饰）和博士（克里斯托弗·埃克莱斯顿［Christopher Eccleston］饰）受到一个匿名求救信号的吸引，来到了一位亿万富翁收藏外星文物的地下室。在那里，他们遇到了外星生物戴立克一族最后的成员，而其他顽固的胡椒罐坏蛋们据说都已经在那场"时间大战"中被消灭了。① 这一集的片头字幕特别有趣，因为这部长期播放的长篇电视剧

---

　　① 在该剧历史上，戴立克曾不断被消灭又复活。在拉塞尔·T. 戴维斯（Russell T. Davies）的《神秘博士》中，他们的出现是意料之中，博士和他最可怕的敌人重新相见的那一刻在播出之前就已经有了大量的预告。关于戴立克在该剧中的完整历史，参见 Newman, 2005。

有意识地将自己置于博物馆中，把自己视为回忆的对象。这集的开头是一个外星文物展，展品被放置在一个地下大厅的大型玻璃柜中（见图5.1）。在博物馆的场景中出现了来自《神秘博士》世界的各种艺术品：旧的东西（1966年制作的赛博人的头），新的东西（2005年系列的斯利辛人的爪子），借来的东西（来自罗斯威尔飞碟的里程计），以及蓝色的东西，即剧中的时间机器塔迪斯（TARDIS），也同样作为展品出现在画面的构图中。①

图5.1 博士与罗丝在博物馆里，

新版《神秘博士》第1季第6集"戴立克"

（乔·阿希恩导演，BBC威尔士分台制片，2005年）

---

① 位于加的夫的威尔士国家博物馆是本集和其他剧集中博物馆场景的拍摄地，包括"死亡星球"（特辑，2009年），"文森特与博士"（第5季第10集）和"宇宙大爆炸"（第5季第13集）。

　　《神秘博士》于 1963 年首次播出，其长久的生命力使学者们将该系列作品视为历史、记忆和身份等多种形式的"容器"。例如，在其不断变化的"英国性"的构建和对英国社会历史和记忆的理解中，该系列电视剧"为文化历史学家提供了一个窗口，用以了解创造并拥抱该剧的文化"（Cull，2001：95），因为这部剧最主要的吸引力在于它能够"描绘不断变化的文化景观"（Chapman，2006：201）。随着新版《神秘博士》自觉地利用自己作为标志性电视节目的地位，这部剧也可被用来描绘不断变化的电视景观。例如，"戴立克"一集中的展览内容将旧版与新版进行对比，特别是在制作设计和特效方面，这揭示了这部剧是如何参与创造和激发电视记忆的。这些记忆不可避免地与变化和连续性、与《神秘博士》一起成长的经历以及它可能唤起的情感联系在一起。这构成拉塞尔·T. 戴维斯时代（2005—2009 年）的核心主题，故事情节和对博士（由克里斯托弗·埃克莱斯顿和大卫·田纳特［David Tennant］扮演）的特别刻画都与时间的流逝、衰老、失去、渴望和归属感有关。① "戴立克"一集和其他剧集，如博士与前同伴莎拉·简（伊丽莎白·斯莱登［Elizabeth Sladen］饰）和机器狗 K‑9 的重逢②，可以说正是

128

---

　　① 2010 年，编剧史蒂文·莫法特（Steven Moffat）接任该剧"剧集总监"一职，他承诺将减少对该剧历史的关注，并为观众带来新的怪物和反派角色，新的博士（马特·史密斯［Matt Smith］饰）和伙伴艾米·庞德（凯伦·吉伦［Karen Gillen］饰）也将加入剧集。
　　② "同学聚会"（第 2 季第 3 集）。

面向那些伴随着剧集成长起来的观众。这些观众发现自己和莎拉·简一样，在新版博士回归时已经老了很多，正如博士本人在遇到被展览的赛博人头颅时，感慨地说："我老了。"①

在使用博物馆作为戏剧场景这一方面，"戴立克"这集当然不是独一无二的。该剧1965年版的"太空博物馆"一集，展出了一个戴立克的空壳，而这为由威廉·哈特奈尔（William Hartnell）主演的博士提供了一个藏身之处，以躲避想把他变为展品的"馆长"（见图5.2）。在新版《神秘博士》的第5季里，一个僵化的戴立克在时间胶囊的光照下复活了。它从"国家博物馆"的石质外壳中破壳而出，恐吓已经心事重重的博士和他的同伴们。在《神秘博士》的整个制作过程中，许多例子表明，不仅是博物馆，还有档案馆、收藏馆和图书馆，它们都被视为充满魔力和魅力的空间，而《神秘博士》并不是唯一将博物馆作为与剧集历史邂逅并对其重新加以想象的电视剧。根据70年代剧集重新改编的《太空堡垒卡拉狄加》（Battlestar Galactica）也采用了类似的策略。在一个关于第一次赛隆战争的博物馆的开幕式上，原版系列的遗物作为展品出现在即将退役的太空堡垒上。正是这时，赛隆人时隔三十年再次进攻，这部剧也随之重新启动。

安德烈亚斯·胡伊森（Andreas Huyssen）对博物馆的思考，为这些科幻电视剧案例以及本章关于记忆和电视物质文

---

① 在拉塞尔·T. 戴维斯的掌控下，怀旧式的重现成为该剧的成功模式。在戴维斯执导的最后几集中，赛博人、达沃斯、法师，甚至博士已灭绝的母星伽里弗雷和时间领主都复活了（"时间的尽头"上、下两部，特辑，2009年）。

化的讨论提供了一种框架。在《暮光记忆》　（*Twilight Memories*）一书中，胡伊森指出，"博物馆从根本上来说是辩证的，它既是过去的墓室，所有的一切都有关腐烂、侵蚀、遗忘，同时又是**可能重生的场所**。无论它如何被影响和被污染，在观者眼中都是如此"（1995：15）。在这些"重生"的虚构作品中，博物馆的场所让人们能够直接参与到**作为**历史的节目中，同时也将博物馆和电视视为可能复活的场所。　130

图 5.2　威廉·哈特奈尔躲在"戴立克"的展品里，
"太空博物馆"，老版第 2 季第 15 集

（默文·平菲尔德导演，BBC 制片，1965 年）

对博物馆来说，这两个不同系列的物质文物本身并不陌生。2010 年 10 月，《太空堡垒卡拉狄加》巡回展览在西雅

图音乐体验项目/科幻博物馆开幕。而在英国，"神秘博士"
相关道具、服装和纪念品有着悠久的展览历史，从位于布莱
克浦市黄金路的"神秘博士展"（1974—1985 年），到在英
国各地民间博物馆举办的"神秘博士体验"巡回展览，都
展出过新版剧集中的物品。① 在英国国家媒体博物馆的"电
视天堂"展览厅里，也有一个真人大小的戴立克展品——
正如博士自己所说的那样，"噩梦之源，沦为展品"（见图
5.3）。

图 5.3　"电视天堂"展厅里的一个戴立克

（由英国国家媒体博物馆、科学与社会图片图书馆提供）

　　对胡伊森来说，博物馆既是档案空间，也是展览空间，
物品从一个空间转移到另一个空间，在展览的"景观布局"

---

　　① 2011 年 2 月，新版"神秘博士体验"展览在伦敦开幕，2012 年起将永久
落户加的夫。

中被重新组合，其再语境化标志着物品的复活。这一章的主
要关注点是博物馆中的电视。特别是，我将关注英国国家媒
体博物馆的策展实践，以及它们如何揭示电视物质文化产生
的象征功能、意义、记忆和情感。博物馆展览是能够"让
过去说话"的地方（Steedman，2001：70），而这一章正是
关于它所讲述的故事和它所构建的来世。

档案的转变 131

约翰·科纳（John Corner）曾写道，"对电视的研究往
往专注于当代时刻，是对一个永恒的现在的研究"（1999：
121）。尽管这仍然是事实，但最近电视档案地位的变化可
以说促使人们对电视历史和历史学产生了更大的兴趣（例
如参见 Wheatley，2007）。英国电影协会（BFI）的电视收
藏部负责人史蒂夫·布莱恩特（Steve Bryant）在《电视遗
产》（*The Television Heritage*）一书中指出，当 BBC 在 1936
年开始提供电视服务时，还不具备录制现场直播的技术，直
到 1948 年该公司开设了一个电影部门并启动了自己的新闻
电影节目（BBC 电视新闻片），这时"电视存档的故事才真
正开始"（1989：5）。对于布莱恩特来说，"电视就其本质
而言是短暂的，因此不值得被保存"（1989：2），再加上各
种技术和操作方面的影响，意味着电视节目没有被保存下
来，只留下了一些片段。在 70 年代中期"档案的经济价值
被意识到"之后，"电视节目被存留的机会"才得到改观

（1989：2）。布莱恩特早期关于"电视归档故事"的研究指出，有必要考虑电视档案日益市场化的问题，但同时也指出，随着电视作为技术和文化形式的改变，其自身的纪念形式也在发生变化。

数字化使得获取和使用电视档案变得更加便利，国家、地区和大学的档案馆都在发展数字传播项目。例如，在英国，这些项目包括英国电影协会的"在线银幕"项目、"苏格兰银幕项目"和欧洲合作项目"视频启动"。作为教育资源，这些档案是以受保护的形式提供的，并且只有通过教育机构才能访问。相比之下，YouTube 已经成为一种"默认"或"偶然"的档案，同时一起出现的还有许多在线电视怀旧档案和论坛积蓄已久的力量，以及盒装 DVD 及其收藏文化。传统的电视研究和教学模式正在受到挑战，电视学术史和电视大众史之间的界限也越来越模糊。[①] 活动影像档案的地位引起了许多学者的兴趣，有专门的期刊和会议对其进行讨论。几年前，人们对讨论电视的"消亡"还抱有极大的兴趣，而现在，电视在档案空间中的"来世"已经成为争论的焦点。

132　　然而，林恩·斯皮格尔（Lynn Spigel）警告说，应当反对"完全积累（档案）的幻想"（2005：91），即相信数字化将允许彻底、直接地使用档案。显然，我们有必要更加关

---

① 艾伦·麦基（Alan McKee）对作为教育资源的 YouTube 和澳大利亚国家电影和声音档案馆进行了有益的比较（2010）。

注电视档案的框架和逻辑，包括其数字形式和物质形式，同时提高档案管理者的工作透明度，即他们的参考框架和采用的选择性策略（哪些视频是被记录、被保存、被数字化的，哪些不是）。斯皮格尔的研究对其中一些问题提供了一个容易接受的概述。她介绍了北美电视档案的历史，重点是档案的逻辑以及保存和收集的原因（2005，2010）。我认为，对博物馆空间和电视历史展览的特别关注，不仅展示了一种解决部分问题的方法，也为我们分析此类数字档案项目的"策展实践"提供了一个研究框架。

斯皮格尔的研究也提出了关于电视档案馆和博物馆在公民历史、建筑和旅游等方面作用的问题。她的论述与我自己对英国国家媒体博物馆的研究相关，有助于阐明这些遗产项目之间的国别差异。其中最明显的是电视档案馆和博物馆作为私人与公共机构之间的区别。在此，美国和欧洲电视系统的商业和公共服务传统在创造和获取不同的电视遗产方面发挥了重要作用。虽然本章并不包括对国际"媒体博物馆"的历史和实践的比较分析，如加拿大多伦多的电视博物馆、纽约和洛杉矶的帕利媒体中心或荷兰声音与视觉研究所，但对这些博物馆的进一步研究，有可能揭示各国的差异和相似性，同时通过一系列国际范例来探讨展示媒体历史的局限性、可能性和实践。

在英国，由英国电影协会运营的国家档案馆一直是负责商业电视存档的主要机构。最近成立的电视策展部门为英国电影协会提供了一个新的焦点，在此之前，英国电影学院一直遵循档案程序，但电视藏品并没有被策划或投入使用。1988 年，英国电影协会成立了电影博物馆（MOMI）。然而，该博物馆尽管取得了成功，却在争议声中于 1999 年关闭。这个地方被重新改造成英国电影协会的南岸建筑群，目前包括英国电影协会的媒体资料馆。于 2007 年 3 月开馆的媒体资料馆是一个免费开放的设施，可供获取国家档案馆的部分电影和电视节目。[①]

在英国，负责电视存档和展览的博物馆位于伦敦之外。英国国家媒体博物馆位于西约克郡布拉德福德市中心，其前身是英国国家摄影、电影和电视博物馆，成立于 1983 年。英国国家媒体博物馆位于伦敦的科学博物馆和约克的国家铁路博物馆，同属于国家科学和工业博物馆。1999 年，一个历时三年、耗资 1600 万英镑的扩建工程竣工。根据博物馆官网介绍，英国国家媒体博物馆目前每年吸引的游客超过 100 万人次。博物馆坐落在大学区附近，外观宛如一堵由混凝土和玻璃构成的弧形墙（见图 5.4），俯瞰着市中心的维多利亚式建筑群。与之相伴的是布拉德福德市的名人作家约翰·博因顿·普利斯特利（J. B. Priestly）的雕像。作为大型建筑群的一部分，该博物馆位于城市图书馆旁边，馆内有三个电影屏幕（其中一个是 IMAX 屏幕），三个专门展示电影、电视和摄影作品的永久展厅，以及一个重要的循环展览

----

① 与英国其他公共服务机构一样，英国电影协会的经费也被现任政府削减了。在档案政策审查及对其职能和设施大刀阔斧削减带来变革之际，英国电影协会作为国家电视档案馆的前景并不明朗。

空间。作为 BBC 的合作伙伴，这座博物馆在城市文化生活 134
中发挥着重要作用，曾举办过国际电影节和动画节。布拉德
福德市之所以能够成为第一个联合国教科文组织认证的电影
之城，这座博物馆扮演了关键角色。[1] 该博物馆的藏品超过
300 万件，其相关的电视技术藏品甚至超过了美国华盛顿的
史密森尼学会。部分未在展厅展出的藏品可以通过博物馆的
研究设施和档案导览访问。

图 5.4 翻新后带玻璃中庭的博物馆于 1999 年重新开放；
2006 年更名为英国国家媒体博物馆

（由英国国家媒体博物馆、科学与社会图片图书馆提供）

胡伊森探讨了当代人对记忆的迷恋如何被视为对西方社
会"失忆症蔓延"和"计划性淘汰"的反应（Huyssen，

---

[1] 由于资金限制，"咬芒果"世界电影节在举办 15 年后于 2010 年被取消。

1995：254）。他继而指出，博物馆和纪念品作为这种"记忆繁荣"的核心越来越受欢迎，这可能与这两者提供了"电视所否认的东西——物品的物质特性"有关（1995：255）。在开始思考电视和博物馆之间的关系时，他首先探讨了热迪和鲍德里亚的观点，二者把博物馆描述为"另一种模拟机器，作为大众媒介的博物馆不再与电视有区别"（1995：30-31）。然而，他的分析只停留在博物馆作为电视的概念上，并没有延伸到对博物馆中的电视，甚至是电视作为博物馆的思考。这一章开始审视电视与博物馆之间明显的不相容性，而我所回应的正是物质性问题，因为它似乎为胡伊森所探讨的记忆与遗忘的"悖论"或"辩证法"提供了注脚。那么，杰弗里·哈特曼（Geoffrey Hartman）所指的电视"自我消费的当下"（参见 Bal，1999：180），如何在记忆和历史的展厅中发挥作用？

　　档案馆如同尘封墓室的浪漫形象，与英国国家媒体博物馆的档案现代存储、保存和安全系统相抵触。在早期的摄影作品收藏中，就有这种古老和过时的奇异存在感，档案管理员戴着手套的手试探性地揭开银版胶片，随着人影在胶片上逐渐显现，其鬼魅般的独特性既令人陶醉，又令人恐惧。但上面显然没有灰尘，这或许正是以前档案的特征。不过，这种尘土的缺失也有隐喻意义，尤其在人们参观档案馆看到博物馆电视藏品时，这种感觉更为明显。这些藏品并非真的陈旧，它们只是过时了而已。人们很难对这些破旧的木头外壳、黑色塑料和灰色玻璃感到兴奋——它们似乎缺乏那种历

史的光环，也许正是这种光环使银版摄影如此动人。这些藏
品的数量让人想起了胡伊森的观察。胡伊森写道："我们对 **135**
新事物的迷恋总是已经被削弱的，因为我们知道，新事物往
往也指向自身的消亡，正是它出现的那一刻，就已预示着它
的过时。"（1995：26）因此，英国国家媒体博物馆的电视
收藏品处于一个超越消失的状态——它是电视技术的坟墓/
垃圾场。

卡罗琳·斯蒂德曼（Carolyn Steedman）在《尘埃》
（*Dust*）中写道："评论家对档案馆、图书馆、资料库的评
价少得可怜，他们面对的是档案馆的**平凡**、不起眼的特质，
以及历史学家们知道他们会在那里发现的日常失望。在这些
反应中还存在着一丝惊讶，因为他们遇到的东西远没有德里
达的档案概念所提到的那么具有预兆性、挑战性和意义
性。"（2001：9）然而，电视作为家用物品的熟悉性和日常
性，似乎进一步抵消了被"档案热"（archive fever）所困扰
的可能性。①

我们或许可以把斯蒂德曼描述的引起狂热的档案灰尘，
放在胡伊森对博物馆物品历史光环的观察中加以讨论：

> 那种对留存的渴望，为那些注定要被丢弃、被淘汰
> 的物品赋予历史光环的渴望——所有这一切都可以被解
> 读为对现代化加速发展的反应，一种冲破日常当下旋涡

---

① 斯蒂德曼在此引用 Derrida 关于"档案热"的概念，以及他对与这种特殊
弊病相关的欲望政治的思考（参见 Derrida，1996）。

般空虚的尝试，一种重获时间与记忆感的努力。
（1995：28）

如果我们沿用这个比喻，如何将历史光环赋予这个房间里的物品，它们又如何被蒙上灰尘？对于那些不了解这些物品所蕴含的科技发展史的人来说，正如博物馆的展览空间一样，"时间与记忆感"是通过叙事来呈现的。通过对碎片进行排序，创造出叙事意义，档案的梦想在展览中被实现，过去的历史在这里被诉说（Steedman，2001：70）。例如，通过策展人的叙述，参观者了解了物品的来龙去脉、用途与历史，就可能为物品重新注入一种记忆。通过背景化和叙述，休吉·格林（Hughie Green）在《机会来敲门》（*Opportunity Knocks*）（ITV，1956—1977 年）中使用的"掌声记录仪"成为怀旧点，《东区人》（*EastEnders*）（BBC，1985 年起）早期剧集中使用的落地摄像机也是如此，而被展出的摄像机还附有摄像师的提示脚本，以证明其用途。早期的柜式设备和自制电视机成为社会历史的见证，而号称为整个机构设定时间的 BBC 时钟，则让人们惊叹不已。

136   对碎片的排序

在对流行音乐史的物质文化展览的研究和实践中，马里恩·莱昂纳德（Marion Leonard）考察了流行音乐展览的理论基础，并将这些概念分为三大类："经典表述、作为艺术的语境化和作为社会或地方历史的流行音乐表述。"（2007：153）在确定研究电视展览的核心方法的同时，我也想对电视展览的意义、困难和潜力进行反思。其中的关键来自英国国家媒体博物馆电视策展人的思考。这些思考来自本项目研究期间进行的一系列非正式访谈，同时也与博物馆本身，尤其是电视展厅的一系列变化相呼应。①

　　该博物馆最初的互动电视展厅开发于 1986 年，为公共广播事业五十周年庆典而建。经过耗资 300 万英镑的翻新工程，新的互动展厅"体验电视"于 2006 年 7 月 21 日正式对外开放。② 它是欧洲为数不多的同类展厅之一③，旨在通过技术、工业、历史、商业、文化、政治和个人/怀旧展品和叙事，来展现"电视的故事"（国家电视艺术博物馆新闻稿，2005 年）。新展厅中还设有"电视天堂"。在英国电影协会媒体资料馆于 2007 年春季开放之前，电视天堂是英国

---

　　①　我最初于 2006 年与希娜·维戈尔斯（Sheena Vigors）（前"电视天堂"策展人）认识，然后于 2007 年与凯瑟琳·布莱克（Kathryn Blacker）（内容总监）和克莱尔·托马斯（Claire Thomas）（电视策展人）会面。布莱克和托马斯积极参与了将电视展厅翻新和重新设计为体验电视展厅的工作。2010 年，我重返博物馆，与新任电视部主任伊恩·洛吉·贝尔德（Iain Logie Baird）会晤，讨论新展厅的成功之处、局限和未来。

　　②　2005 年 11 月，经过与重点小组以及由行业专业人士、学者和学习专家组成的咨询小组的协商，最终确定了"体验电视"展厅的设计方案。工程于 2006 年 2 月开始，展厅于 2006 年 7 月开放。

　　③　另一个例子是荷兰声音与视觉研究所。正如国家媒体博物馆的凯瑟琳·布莱克所说，对互动性和媒体制作的关注以及强烈的怀旧情结，标志着这些欧洲举措与美国 MTVR（现为 Paley 媒体中心）的"知识性"和"历史性"追求之间的区别（采访于 2007 年 4 月 17 日）。

唯一免费开放的电视收藏馆。受纽约的相关观看设施的启发，电视天堂于 1993 年在国家电视艺术中心开放，收藏了过去 50 年英国电视的 100 多个节目。如今，电视天堂共计收藏 1000 多个节目，而且数量还在不断增加。随着博物馆永久性电视展览和藏品的更新，电视天堂的设施也得到了扩建。经过重新开发，现在的设施包括 6 个可容纳 2～5 个人的小型隔音观看间、一个可容纳 36 人的大型观看室，以及一个改造后的电子存储和展示系统。

　　该展厅策展人和项目总监向我介绍了他们希望纳入展览馆翻新工程的 4 个关键主题。首先，经过与业界人士协商，他们希望向参观者展示电视制作的相关工作。其次，他们希望使用博物馆档案中的电视物品。再次，他们希望强调电视对国家社会文化的影响，让参观者重新思考电视媒体对于自身生活的影响。最后，他们希望向参观者提供其对于电视行业的理解。在此，策展人的 4 个关注点凸显了"通过工业实践和社会影响"以及"创意和文化实践"来铭记电视的愿望。①

　　莱昂纳德（Leonard）指出，流行音乐"动态性、体验性、短暂性"的性质与博物馆文化的物质性背道而驰（2007：147）。在此，博物馆静态空间"捕捉或适当体现聆听音乐和参与相关文化体验"的能力受到了质疑（2007：147）。这些问题对于思考博物馆中的电视具有重要意义，同时表明了人

137

---

　　① 康帕雷（Kompare）在谈到美国的情况时写道："遗产在很大程度上是由文本艺术事实构建的，甚至在'合法'历史的层面上也是如此。电视是通过其创造性和文化实践，而非通过其工业实践或社会影响而被记住的。"（2005：114）

们对博物馆实践的物质性、日常性和短暂性的广泛焦虑——因为就博物馆而言，它因滞后性而明显无法捕捉流行文化形式和实践。因此，关于电子和数字媒体形式被博物馆化的讨论，也不可避免地呼应了博物馆实践中使用这些媒体的担忧。正如罗斯·帕里（Ross Parry）所论述的，许多世纪以来，有形物品的实体性定义了博物馆的内涵。在博物馆的功能和设施中，这种开发和实施计算机技术及数字化项目和战略的趋势，引发了大量焦虑。帕里认为，鉴于"真实"（真实性、独特性、可信）与"虚拟"（非真实、不可信、人造）之间的对立是人们所熟悉的论调，博物馆的未来有两种发展模式。第一种是"噩梦般的场景"，博物馆"沦为一个模拟信号"，策展人们将见证物品的死亡，因为参观者只能居住在网络空间。第二种情况则是，博物馆成为"日益数字化的世界中物品的避难所"（2007：61）。帕里继而探讨了博物馆工作中利用数字媒体的可能性，而对媒介史展览的关注，也可能有助于阐明这些无形物品在展览设计中的潜力。

不过，有形的物品仍然是英国国家媒体博物馆展览的核心。在"体验电视"展厅，对电视技术的强调显然是出于该馆作为国家科学与工业博物馆组成部分的职责。正如这座博物馆网站所概述的那样：

> 电视展览呈现了从 19 世纪晚期至今，人类通过电子机械与电子方式来生成、存储和显示影像的技术逻辑手段的演变历程。其目的是借助相关资料，记录电视制

作的各种过程，尤其是电视在英国的发展。

138   这种将电视的"演变"作为博物馆"概念基础"之一的表述，显然是在为博物馆的技术构建一部经典的线性历史。在博物馆的档案中，有许多藏品在电视展厅的改造中得到利用。例如，"电视竞赛"展览将博物馆藏品中的电视机和手工艺品按时间顺序排列，描绘了电视机、录音与拍摄技术的风格和技术变化（见图 5.5）。"电视竞赛"和"电视未来"两个展览都彰显了电视媒体背后的科技及持续发展。位于展厅中央的是"进化舱"。该展区由数字电视技术开发商 PACE 赞助，设计灵活，重点展示技术的不断发展和变化，近期还举办过有关数字电视和 3D 电视的展览。

图 5.5　电视技术的线性历史

（由英国国家媒体博物馆、科学与社会图片图书馆提供）

2005 年，该博物馆的文化内容总监凯瑟琳·布莱克

（Kathryn Blacker）在宣布"体验电视"改造项目的新闻稿中说："这不仅仅是一个欣赏精彩的电视怀旧节目的机会——尽管确实会放映很多节目，展厅还将让人们在镜头前一展身手，尝试幕后工作，真正了解电视的魅力。"在此，
139　一个大型的互动体验区是关于探索电视制作世界（从开发到后期制作）的，参观者可以假装阅读新闻或者操作电视摄像机。在一定程度上，这个互动性很强的展区是对之前成功的互动性展品的翻新，同时也是对工党政府"激励全民学习"纲领的回应，即强调体验式学习和技能培养。①

　　该展厅的互动元素自问世就取得了成功，这显然呼应了展览呈现物质性的不同方式，使参观者能够"深入电视的内部"。② 该博物馆对体验式学习的强调，标志该馆及其所在的英国国家科学与工业博物馆集团成为艾琳·胡珀-格林希尔（Eilean Hooper-Greenhill）所说的"后博物馆"（Post-museum）案例。作为一个互助性而非权威性的场所，"后博物馆必须扮演合作伙伴、同事、学习者（本身）和服务提供者的角色，以保持其作为一个机构的活力"（2000：xi）。

　　这个展厅"制片区"及其开放式档案馆"电视天堂"最明显的特征是仪式和游戏在博物馆中的作用及其代际吸引力。

---

　　①　当时由即将被撤销的博物馆、图书馆和档案委员会提供。
　　②　尽管策展人评论说，互动元素的使用在确定（尤其是年轻）参观者的行为预期方面造成了一定的困难。由于互动元素与纯展示品之间的界限模糊不清，对于什么可以碰，什么不可以碰，参观者会产生一些困惑。由于参观者经常会直接经过玻璃箱中的展品，因此策展人决定在大部分展区使用隔挡，以使其驻足停留观看。

一方面，展品本身提供了强烈的代际刺激。例如，"电视长廊"展示了电视媒体历史上的各种电视机：对于年长的参观者来说，这是一个记忆点，唤起他们曾与各种电视机一起生活的情景；就年轻的参观者而言，这里则是一个历史点（见图5.6）。博物馆本身及其与在城市和地区中成长起来的不同世代的关系，是一个触发记忆和怀旧的地点。保持相同的互动功能（阅读新闻、蓝屏"游戏"区），对于小时候来过博物馆的成年人和那些经常来的成年人的孩子来说，是一种既激发加忆，又创造记忆的方式。我在此并非指这是英国国家媒体博物馆所独有的，而是说，在公共博物馆的生活及其与当地和区域性社区的关系中，渗透着记忆的形式。正是这些记忆的形式，超越并补充了展览品可能缺乏的"历史光环"价值。

图 5.6　电视长廊
（由英国国家媒体博物馆、科学与社会图片图书馆提供）

捕捉日常

物质档案

在格拉斯哥，居民丢弃大型垃圾不必前往市外的垃圾回收中心，市议会提供了一项收集服务，即从街道上收集大型垃圾。在街角和人行道上，人们经常会遇到电视生活的遗迹，例如被遗弃在雨中的沙发、扶手椅和老式模拟信号电视机（见图5.7）。乔·莫兰（Joe Moran）引用迈克尔·汤普森（Michael Thompson）的著作《关于垃圾的理论》（*Rubbish Theory*）写道："虽然'被丢弃但从未威胁到我们的物品根本不会让我们担心'，但放在错误地方的垃圾却会产生意想不到的意义，因为它是'明显可见的'。"（2004：65）正是那些身处陌生环境的熟悉物品凸显了旧式媒体技术的可见度，"它们带着往日习惯和逝去日常的痕迹，突然出现在当下"（Moran，2004：61）。与废弃家具和电视机唤起的偶然和意外记忆相反，博物馆的任务是有意识地捕捉日常和常规。

140

图 5.7　成为过时物品的电视机

（图源：作者）

　　虽然"体验电视"是目前英国国家媒体博物馆最受欢迎的展区，但我们能看出策展人在展示电视时，面临着两个特殊的挑战。首先，作为一种流行的文化形式，参观者对电视媒介已经有了广泛的了解，这与他们自身的经历和更广泛的社会历史息息相关。策展人面临的挑战是如何为"专家级"参观者提高参观附加值并向其解读展品。与此相关的是"重新赋魅"展示。胡伊森在探讨"重新焕发魅力的博物馆一瞥"时写道：

　　　　展览的意义往往在于忘却真实，将物品从它原来的日常功能语境中解放出来，从而增强自身的变化性，与其他时代开启潜在的对话；博物馆展品是历史的象形文

字，而不仅仅是一条寻常的信息；阅读它是一项记忆的
行为，其物质性本身就为历史距离感与超越时间性的光
环奠定了基础。（Huyssen，1995：33）

这种"重新焕发魅力的博物馆一瞥"对电视展览意味
着什么？电视展厅就是这种实践的一个特殊例子。这个展览
既没有按时间顺序排列，也没有提供大量的背景信息，但当
参观者仰头观看摆在最上面的电视时，它的长度和高度让人
震撼。① 顶上的打光为展品投下层层阴影，展示了各种电视
机的宽度变化，灯光设计让人联想到阴极射线电视机模糊的
边缘。斯蒂芬·格林布拉特（Stephen Greenblatt）曾经将
"惊奇"的产生描述为艺术品展览的模式，在此，我们可以
将该设计放在相关讨论的语境中，来看待这令人回味的展示
方式。② 格林布拉特所说的"惊奇"是指"被展示的物品能
够让观众停下脚步，并传达出一种独特的震撼力，唤起人们
的高度关注"（1990：42）。对"精致的打光"的运用，正
是产生这种效果的关键："具有超现实效果的灯光似乎是从

142

① 虽然框架信息凸显了布景设计的变化，但布景本身却在展示中被重新组
合："多年来，壁炉一直是客厅的焦点。电视一出现，这一切都改变了，它让人们
在自己家里就能看到世界。早期的电视机是巨大的家具。到了20世纪50年代，电
视机变得更小巧、时尚。随着时间的推移，制造商发明了更引人注目、更有趣的
电视机制造方法。到了20世纪90年代，一切又发生了变化。更好的电子设备和更
大的屏幕意味着箱体设计不再那么重要。人们愈发关注屏幕上的画面，而不是屏
幕周围的东西。"（摘自国家媒体博物馆电视长廊的信息卡）
② 格林布拉特（Greenblatt）谈到的另一个模式是"共鸣"，指的是"被拆
解的对象超越了其形式界限，而延伸到更广阔世界的力量。它在观者心中唤起复
杂而充满活力的文化力量，而观者可能会将其视为这种力量的代表"（1990：42）。

物品内部出现的，而不是从外部聚焦在物品上——这是一种激发或增强惊奇感的尝试"（1990：49）。在这个例子中，灯光并没有强调独特性，而是与展示的物品结合在一起，同时照亮了其各个层面，这种效果彰显了展览的部分与整体之间的关系。

在这个特殊的展览中，展品彼此之间的对话被开启了，它们以非线性和非说教的方式相互讲述着设计的变化与技术的"进步"。通过将电视物质档案的对象从它们的日常功能语境中解放出来，使其进入展览的"惊奇"布景中，实现了对这些物品的"重新赋魅"。"体验电视"展览的目的似乎在于提供一个空间，让参观者既能够重新代入电视的历史，又得以重新评估它（作为技术、工业、文化和艺术形式）在日常生活中的意义。虽然在这个例子中，剥离这些物品的语境以强调物质档案的可见性与重要性的做法是成功的，但事实证明，更难捕捉的往往是电视体验的历史。

虽然体验式学习已成为博物馆教育学的主流，但捕捉这些体验式历史，却是一个不尽相同、异常艰巨的策展挑战。电视作为一种流行的文化形式，其短暂性和瞬时性的实践，在家庭的常规与日常中有着物质基础。在博物馆展览的局限性和可能性范围内，这种关系已经可以用来表现处于不断变化之中的观看体验。博物馆甚至已经探索过了将电视机放回家庭环境中的可能性。该博物馆早期的电视展厅于 1986 年开放，观众可以在一个名为《布拉德福德电视秀》（*Television Comes to Bradford*）（BBC，1986 年）的节目中看到这个展厅。这个节目是为了宣传一个当时被称为"NMPFT"的新展厅的开放。为了揭示展览的巨大变化及其连续性，早期的展厅通过使用人体模型，重构了电视技术发展的历史"场景"、早期的电视制作形式和观看方式。通过将老式电视机放回当时的家庭环境和场景中，这个节目再现了 40 年代末和 50 年代初的电视"家庭圈子"，其中还凸显了代际和性别差异。观众可以看到，聚集在布景周围的显然是一个富裕的白人家庭：严肃的父亲坐在扶手椅上，女儿蹲在地上，妻子端着饮料（见图 5.8）。正是通过这种陈旧的重建方式，这个博物馆早期的策展人试图呈现早期的电视观看体验。

143

图 5.8　家庭观影的场景作为 1986 年 NMPFT 电视展厅的展品，
《布拉德福德电视秀》

（西蒙·威利斯导演，BBC，1986 年）

这类试图捕获电视体验的历史形式与电视上对历史的呈

现形式很相似，这些历史通常被描述为"现实历史"。《英国维多利亚住宅狩》（*The 1900 House*）（英国第四频道，1999 年）复原了一幢 1900 年维多利亚风格的老宅和家居环境，拍摄了一个当代家庭在里面的日常生活。近期，电视制作公司"无处不在"在三集剧《BBC 电子梦》（*Electric Dreams*）（BBC 第四频道，2009 年）中对这一形式进行了修改。在该剧中，一个被完全剥离了现代科技的家庭被抛回 40 年前，重新经历 70 年代、80 年代和 90 年代（每天都是一个新的年份），体验了科技对家庭不断变化的影响。可以说，在"深入了解"电视历史的过程中，博物馆参观者也可能参与这种体验历史的形式。通过改造当时的布景，重现恰当的家庭内部环境，让参观者在其中观看电视档案，从而让参观者"披上"伊恩·洛吉·贝尔德（Iain Logie Baird）所说的"他们祖先的科技外衣"。

这个概念也为博物馆教育和课堂教学提供了启发。约翰·考吉（John Caughie）在 1990 年撰文指出，"在电视的理论研究中，特别是在电视的教学中，存在一种真正的风险，即在教学/理论研究的电视与现实体验的电视之间拉开鸿沟。教学寻求的是理论的规律性，因而人们可以讲授电视的构造，但电视的构建却可能很难识别"（1990：50）。这是个两难的境地，从模拟信号到数字电视的技术转型则加剧了这一困境。虽然这一代学生以他们的年龄足以回忆起前一种老式电视，但如何为下一代"数字原住民"捕获观看模

144

218

拟信号电视的体验，还需要更多的探索。①

节目档案馆

上述观点阐明了电视档案的物质和非物质部分，可以在博物馆展览内外进行结合，以此揭示电视在不同时期的历史，唤起人们关于电视的日常记忆。正如乔·莫兰所言，"日常记忆的价值在于，它们可以打破这种时间不复存在的幻觉，带着往日习惯和逝去日常的痕迹，突然出现在当下"（Moran，2004：61）。可以说，媒体博物馆的开放式展厅"电视天堂"就提供了这样一个空间，由参观者而非博物馆来唤起日常记忆。

"电视天堂"虽然位于博物馆的同一层，却隶属展厅的第二部分。它远离互动展厅和电视技术展示区，处于一系列展示了电视"社会效应"的展品之外。通过体积更小的文字和图像展品，该展览在提供关于广告、观众和收视率的信息的同时，指向了电视的"影响力"和"力量感"问题。②在此背景下，展厅通过英国电视史上的"闪光灯"记忆瞬

---

① 显然，公共博物馆和高等教育所面临的财政、物质和政治现实和限制，不可避免会抑制和削减教学法的形式。但本讨论是关于展示电视视觉的各种可能性，以及如何利用电视档案，以不同的方式吸引观众和学生。

② 《凯茜回家》（*Cathy Come Home*）（BBC，1966 年）和《杰米的校餐配方》（*Jamie's School Dinners*）（英国第四频道，2005 年）等节目被视为电视对政治和社会政策有影响的例子；由地区新闻节目《看北方》（*Look North*）（BBC，1968 年起）主持人哈里·格拉迪昂（Harry Gration）解说的循环视频，则从社会文化的角度简要介绍了电视的历史。这里其实或许是展厅最不成功的区域之一，还需要进一步努力，目前它更像主展区和"电视天堂"之间的走廊。

时装置，明确地与参观者的电视记忆联系起来。在"电视天堂"入口处，是一间隔开的昏暗的观影室，其中有另一个展示"电视标志性时刻"的视频装置。该视频装置在一个有大屏幕的小型观影室中循环播放，为参观者提供了一个学习和回忆的空间，主题是："你会想起第一次看到它们时，你在哪儿，和谁在一起。"这些电视里的重大"时刻"包括以下事件：人类首次登上月球（1969 年）、世贸大厦双子塔的倒塌（2001 年）、查尔斯王子与戴安娜王妃的婚礼（1981 年）、"Live Aid"拯救生命演唱会（1985 年）、柏林墙的倒塌（1989 年）、撒切尔夫人入主唐宁街（1979 年）、新工党/布莱尔大选（1997 年）、英格兰赢得世界杯（1966年）、挑战者号灾难（1986 年）、戴安娜王妃的葬礼（1997年）、希尔斯堡惨案（1989 年）、女王伊丽莎白二世加冕典礼（1953 年）和伊朗大使馆被围困（1980 年）。相关策展人指出，在这个视频中展示的"艰难的内容"需要极大的敏感性，因此他们选择了一种敬畏式的处理方式，营造一个远离其他展品的昏暗空间，并且没有使用画外音解说。这种在展厅内创造特殊空间的做法，强调的不是每个事件的悲剧性或庆典性，而是电视捕捉到这些事件并使其在岁月中回荡的力量感和共鸣感。当然，这种将记忆神圣化的做法并非独一无二，它让我们回到了新闻和媒体事件在电视记忆构建中占据主导地位的时刻。

可以说，"电视天堂"是一个更开放、更少说教的纪念形式，然而，鉴于我在这一章强调电视的物质档案及其在博物馆展览中的应用，引发思考的是：节目档案的潜力和局限性是什么？作为一系列电视节目的集合，"电视天堂"的内容是否也可能类似地重新"赋魅"并吸引参观者？如果说博物馆展品的"物质性"是其拥有"历史距离感和超越时间性的光环"的基础，那么，没有"物质"内容的"电视天堂"又是如何构成一个展览空间的？非物质的形式如何积聚灰尘？胡伊森强调了博物馆展品的物质性及其时间性光环的重要性，认为它们是"防止仿造的保证，但——这就是矛盾所在，它们的艺术效果永远无法完全摆脱仿造的影响，甚至会通过对壮观场景的仿造而被加强"（Huyssen，1995：33－34）。博物馆里的电视展览与这种物质性和仿造性的矛盾有着有趣的关系，因为它明显同时处于这两个领域中。电视作为物品、技术和活动保留了其物质性，但胡伊森认为，电视图像与物质现实并"不相容"（1995：34）。如果我们把电视看作一个可能的集体认同所在，而非一种"消失的行为"，那么，"电视天堂"和更广泛的博物馆都将构成分享和确认我们电视传记中的经验与记忆的场所。如果将博物馆和档案馆理解为"在日益密集和被压缩的时空网络中，世界的流动性越来越强，对时空进行锚定的需求也越来越大"（Huyssen，2003：27），那么博物馆中的电视或许可以提供另一种形式的锚定，使我们能够通过电视图像重新找回"时间与记忆感"。

　　曾经有一次，在观察"电视天堂"的参观者时，我被两位来自英格兰东北部的中年观众表现出的异常兴奋所打

146 动。其中一位对能（重新）观看一集《点唱机评审》（*Jukebox Jury*）（BBC，1959—1967 年）的反应颇为戏剧性，他记得自己年轻时曾看过这一集。我坐在档案馆里，观察参观者选择和观看节目的过程。由于许多参观者是集体前来，因此这整个过程是有声有色的，他们的选择往往伴随着讲述个人的回忆故事。我还看到个别参观者觉得有必要与博物馆工作人员进行讨论或回忆，似乎在回看对他们个人记忆和历史具有重要意义的节目时，会产生一种必须表达出来的充盈感受。

"表演性自传"是加洛伊安（Garoian）在讨论艺术品的展示时使用的一个表述，指的是参观者代入博物馆的记忆和文化历史，这既为上文提到的情形提供了解释的框架，也指向了参观者的主体性展演（2001：241）。莱昂纳德（Leonard）也将这个词用于流行音乐展览研究（2010：177），它指的是一种并非电视、音乐或美术所独有的参与模式。但在这个讨论语境中，这个词揭示了参观者与电视影像的接触对于探讨个人和集体的共鸣形式具有重要意义。当参观者分享电视记忆的经历，表达他们的兴奋之情，在他们之间以及与工作人员之间建立情感认同时，人们在"电视天堂"所能看到的，正是电视的活跃存在，它为我们记忆中的生活提供了一个强有力的自传性和集体参照点。

寄意以明日/吾爱致往昔

贝尔德认为，尽管"体验电视"展厅在五年前刚开业，但随着电视技术和媒介融合的不断发展，它已经需要更新了。国家媒体博物馆的负责人科林·菲尔波特说："随着技术的融合和电视类型之间界限的模糊，我们也需要体现这一点，并成为观众可以追踪、理解和参与这些变化的一个窗口。"（参见 Spicer，2006）格雷格·戴克（Greg Dyke）也指出，这些变化必须被记录下来："现在发生变化的速度之快，这本身就有意思，这也是我们需要了解的——这种变化之快的影响是什么？当然，我们需要在我们馆藏中保留一部分，因为那也是我们的遗产。"（Spicer，2006）该馆将国家摄影、电影和电视博物馆更名为国家媒体博物馆，以及将其职责范围扩大到涵盖和收集新媒体形式的新策略，都体现了这种变化。随着 2010 年 2 月新大厅、临时游戏休息室（借鉴了国家视频游戏档案馆）和互联网展厅的落成，该博物馆的策展团队正在处理一系列复杂的问题，包括如何更好地展示新一代媒体技术、如何吸引新一代参观者等。可以说，人们正经历媒介融合的时代，其快速的变化和媒介界限的日益模糊，都给博物馆带来了巨大的挑战。

在美国，美国电视与广播博物馆采取了不同的策略，来应对不断变化的媒介环境。2007 年 6 月，该博物馆宣布更名为帕利媒体中心。根据伊丽莎白·詹森（Elizabeth

223

Jensen）的《纽约时报》（*New York Times*）报道，该馆更名的目的是"更具吸引力，使其展品更面向大众"，从而吸引年轻一代的参观者，扩大"潜在的赞助人群体"（2007）。虽然该博物馆从未将注意力集中在电视文物展览上，但"中心"的表述进一步"淡化"了电视和广播节目档案，并将自己重新塑造成公众与行业领袖的讨论中心。该馆的收藏策略也变得更有针对性，重点关注现有藏品的数字化和新的数字传播战略。

　　研究英国国家媒体博物馆不断发展的实践，显然是困难的。因为博物馆实践不仅受技术革新影响，也由财政限制决定。特别是在撰写本章时，正值政府大幅削减公共服务的预算。不过，英国国家媒体博物馆当前的收藏策略所揭示的是其独特的尝试，即在反映技术变革的同时，不断更新其策展的媒介历史，从而使人们看到媒体形式之间的关系及其相互影响的更宏大的历史。例如，在电视藏品方面，该馆收藏策略的关键主题是电视技术的发展对其他媒体的影响，以及模拟电视向数字电视的过渡。[①] 英国国家媒体博物馆使人们看到媒体技术的不断演变，对"新媒介"革命性力量的观念提出了质疑，因为这种说法往往基于一种虚幻的理解，即认为电视是一件静态、稳定的物品。

　　[①] 除了历史视角，还有电视内容的社会影响、电视媒体的社会影响以及电视新闻不断变化的作用（参见国家媒体博物馆收藏政策的声明，2010 年 3 月 2 日）。http://www. nationalmediamuseum. org. uk/AboutUs/ReportsPlansPolicies/CollectingPolicy. aspx（2011 年 2 月 7 日访问）。

在捕捉变化和媒介融合的过程中，英国国家媒体博物馆也可被视为纪念旧日媒介的一座丰碑。2010 年 7 月 6 日，《卫报》报道了"模拟电视机的消亡"："在约翰·洛吉·贝尔德（John Logie Baird）举办第一次公开展览近 85 年之后"，所有主要商业街的电子零售商都停止了模拟电视的销售（Conlan，2010）。① 模拟电视与数字电视之间的过渡贯穿了本书的写作过程，它既是一种焦虑，也是一种催化剂，是电视自身矛盾的记忆繁荣的核心。在博物馆努力为当前和未来的用户捕捉和解释这一转变的同时，观众与电视之间不断变化的关系，也带来了新的持续挑战。这并非博物馆独自面对的挑战，而是对未来参与式电视及其与记忆和怀旧的关系提出的更广泛议题和可能性。例如，本书强调与电视一起的"成长"是这种关系的基础。正是观看模拟电视长大的经历，构建起我自己在这项研究中的记忆和观察，决定了我对新的电视技术和形式有何反应。这一论点不可避免地引发一系列暂时无法回答的问题：在数字时代成长起来的人会对电视形成怎样不同的体验、记忆和态度？这会对电视内容的制作、铭记和研究形式产生何种影响？我希望这本书能为思考未来的电视记忆铺平道路。

詹姆斯·本内特（James Bennett）将电视描述为"一种处于新旧媒介边界的技术和文化形式"（2008：163）。电视

148

---

① 英国于 2005 年开始逐步淘汰模拟电视，并于 2012 年完成数字电视的转换。

模糊了二者的区别，再一次被视为处于过去与现在的关系当中：电视根植于此，构建起当下，唤醒了往日，将这种关系复杂化并游戏其间。本节结论的标题又回到《神秘博士》，取自该剧于 2007 年为 BBC 年度电话募捐活动"帮助儿童"（*Children in Need*）（1980 年起）制作的慈善特辑。在这一集中，塔迪斯因经历了"时间冲撞"而发生短路，大卫·田纳特（David Tennant）扮演的第十任博士与彼得·戴维森（Peter Davison）扮演的第五任博士相遇在同一时空。这两位主角在修理塔迪斯的过程中一边频频斗嘴，一边又惺惺相惜。当第五任博士最终逐渐消失于视野时，戴维森告别道："寄意以明日"，田纳特则回答："吾爱致往昔。"这并非过去与现在时空的陨落，而是电视的意义在此刻唤起深切共鸣——之于我们对过去和现在的理解，也之于我们与过去和现在的关系。正是在这种起落更迭之间，作为电视产物的自传性和集体形式的记忆与怀旧，向我们揭示了其身处电视运作的核心。

参考文献

Agnew, V. (2007) 'History's affective turn: Historical reenactment and its work in the present', *Rethinking History*, 11. 3, 299 - 312.

Allen, R. C. (1985) *Speaking of Soap Operas* (Chapel Hill, NC: University of North Carolina Press).

Ang, I. (1985) *Watching Dallas: Soap Opera and the Melodramatic Imagination* (London: Methuen).

Anon. (2006) 'Review: *Who Do You Think You Are?*', *Daily Mirror* TV Guide (11 January), p. 19.

Aslama, M. and Pantti, M. (2006) 'Talking alone: Reality TV, emotions and authenticity', *European Journal of Cultural Studies*, 9. 2, 167 - 184.

Bal, M. (1999) 'Memories in the museum: Preposterous histories for today' in M. Bal, J. Crewe and L. Spitzer (eds) *Acts of Memory: Cultural Recall in the Present* (New England: Dartmouth College).

Barthes, R. (2000/1980) *Camera Lucida* (London: Vintage).

Bell, E. and Gray, A. (eds) (2010) *Televising History: Mediating the Past in Post-War Europe* (Houndmills: Palgrave Macmillan).

Benjamin, W. (1999) *Selected Writings Volume 2:* 1927 – 1934 [Cambridge, MA: Harvard University Press (trans. Rodney Livingstone)].

Bennett, J. (2008) 'Television studies goes digital', *Cinema Journal*, 47.3, 158 – 165.

Biressi, A. and Nunn, H. (2005) *Reality TV: Realism and Revelation* (London: Wallflower).

Boddy, W. (1993) *Fifties Television: The Industry and its Critics* (Chicago, IL: University of Illinois Press).

Bode, S. (ed.) (2007) *Gillian Wearing: Family History* (London: Film and Video Umbrella).

Bode, S., Walwin, J. and Watkins, J. (2007) 'Foreword' in S. Bode (ed.) *Gillian Wearing: Family History* (London: Film and Video Umbrella).

Bondebjerg, I. (1996) 'Public discourse/private fascination: hybridization in "truelife-story" genres' in H. Newcomb (ed.) (2000). *Television: The Critical View*, 6th edn (Oxford: Oxford University Press).

Bourdon, J. (2003) 'Some sense of time: remembering television', *History & Memory*, 15.2, 5 – 35.

Boym, S. (2001) *The Future of Nostalgia* (New York: Basic Books).

Brown, J. (2001) '*Ally McBeal's* postmodern soundtrack', *Journal of the Royal Musical Association*, 126, 275 – 303.

Brown, M. (2004) 'Television goes back to its roots', *The Guardian* (13 December) [online]. Available at: http://media.guardian.co.uk/mediaguardian/story/0,7558,1372234,00.html (accessed 25 October 2005).

Brown, S. (1995) *Postmodern Marketing* (London: Routledge).

Brunsdon, C. (2000) 'The structure of anxiety: recent British television crime fiction' in E. Buscombe (ed.) *British Television: A Reader* (Oxford: Oxford University Press).

Brunsdon, C. (2004) 'Taste and time on television', *Screen*, 45.2, 115 – 129.

Brunsdon, C. (2008) 'Is television studies history?', *Cinema Journal*, 47.3, 127 – 137.

Brunsdon, C., Johnson, C., Moseley, R. and Wheatley, H. (2001) 'Factual entertainment on British television: The Midlands Television Research Group's "8 – 9 project"', *European Journal of Cultural Studies*, 4.1, 29 – 62.

Bryant, S. (1989) *The Television Heritage* (London: BFI).

Byrne, C. (2005) 'Paxman reduced to tears by journey into his past', *The Independent* (8 December), p. 5.

Caldwell, J. T. (1995) *Televisuality: Style, Crisis and Authority* in American Television (New Brunswick, NJ: Rutgers University Press).

Capote, T. (2000/1980) *Music for Chameleons* (London: Penguin Books).

Cardiff, D. and Scannell, P. (1987) 'Broadcasting and national unity' in J. Curran, A. Smith and P. Wingate (ed.) *Impacts and Influences: Essays on Media Power in the Twentieth Century* (London and New York: Methuen).

Cardwell, S (2005) ' "Television aesthetics " and close analysis: style, mood and engagement in *Perfect Strangers* (Stephen Poliakoff)' in J. Gibbs and D. Pye (eds) *Style and Meaning: Studies in the Detailed Analysis of Film* (Manchester: Manchester University Press).

Caruth, C. (1995) *Trauma: Explorations in Memory* (Baltimore, MD: John Hopkins University).

Caughie, J. (1990) 'Playing at being American: games and tactics' in P. Mellencamp (ed.) *Logics of Television: Essays in Cultural Criticism* (London: BFI).

Caughie, J. (1991) 'Adorno's reproach: repetition, difference and television genre', *Screen*, 32. 2, 127 – 153.

Caughie, J. (2000) *Television Drama: Realism, Modernism and British Culture* (Oxford: Oxford University Press).

Champion, J. (2003) 'Seeing the past: Simon Schama's *A History of Britain* and public history', *History Workshop*

Journal, 56, 153 - 174.

Chapman, J. (2006) *Inside the Tardis: The Worlds of Doctor Who* (London: I. B. Tauris).

Chapman, J. (2009) ' Not " another bloody cop show": *Life on Mars* and British Television Drama', *Film International*, 7. 2, 6 - 19.

Conlan, T. (2010) 'Retailers stop sales of analogue TV sets as digital switchover approaches', *The Guardian* (6 July) [online]. Available at: http://www. guardian. co. uk/media/2010/jul/06/analogue-television-digitalswitchover (accessed 7 July 2011).

Conway, B. (2010) *Commemoration and Bloody Sunday* (Houndmills: Palgrave Macmillan).

Cook, P. (2005) *Screening the Past: Memory and Nostalgia in Cinema* (London: Routledge).

Corner, J. (1999) *Critical Ideas in Television Studies* (Oxford: Oxford University Press).

Corner, J. (2006) ' Archive aesthetics and the historical imaginary: *Wisconsin Death Trip*', *Screen*, 47. 3, 291 - 306.

Creeber, G. (2004) *Serial Television* (London: BFI).

Cull, N. J. (2001) ' " Bigger on the inside..." : *Doctor Who* as British cultural history' in Roberts, G. and Taylor, P. M. (eds) *The Historian, Television and Television History* (Luton: University of Luton Press).

Davies, C. (2007) *Haunted Subjects: Deconstruction, Psychoanalysis and the Return of the Dead* (Hampshire: Palgrave Macmillan).

Dawson, M. (2007) ' Little players, big shows: format, narration, and style on television's new small*er* screens ', *Convergence*, 13. 3, 231 – 250S.

Day-Lewis, S. (1998) *Talk of Drama: Views of the Television Dramatist Now and Then* (Luton: University of Luton Press).

Deans, J. (2004) ' Oddie found sister through BBC genealogy show ', *The Guardian* (28 July) [online]. Available at: http:// media. guardian. co. uk/broadcast/story/0, 7493, 1270988, 00. html (accessed 25 October 2005).

de Leeuw, S. (2010) ' Television fiction: a domain of memory-retelling the past on Dutch television ' in E. Bell and A. Gray (eds) *Televising History: Mediating the Past in Post-War Europe* (Houndmills: Palgrave Macmillan).

Derrida, J. (1996) *Archive Fever: A Freudian Impression* [Chicago, IL: University of Chicago Press (trans. Eric Prenowitz)].

Doane, M. A. (1990) ' Information, crisis and catastrophe ' in P. Mellencamp (ed.) *Logics of Television: Essays in Cultural Criticism* (London: BFI).

Dowell, B. (2007) ' Genealogy show has lost its roots, says expert ', *The Guardian* (8 June) [online]. Available at:

http://media. guardian. co. uk/bbc/story/0,, 2098823, 00. html (accessed 27 June 2007).

Downey, C. (2007) '*Life on Mars*, or how breaking the genre rules revitalises the crime fiction tradition', www. crimeculture. com (accessed 6 January 2011).

Dyer, R. (2000/1997) 'To kill and kill again' in J. Arroyo (ed.) *Action/Spectacle Cinema: A Sight and Sound Reader* (London: BFI).

Dyer, R. (2006)*Pastiche* (London: Routledge).

Ebbrecht, T. (2007) 'Docudramatizing history on TV: German and British docudrama and historical event television in the memorial year 2005', *European Journal of Cultural Studies*, 10. 1, 35 – 53.

Ebbrecht, T. (2007) 'History, public memory and media event: Codes and conventions of historical event-television in Germany', *Media History*, 13. 2/3, 221 – 234.

Eco, U. (1990)*The Limits of Interpretation* (Bloomington, IN: Indiana University Press).

Eleftheriotis, D. (2010) *Cinematic Journeys* (Edinburgh: Edinburgh University Press).

Ellis, J. (1982)*Visible Fictions* (London: Routledge).

Elsaesser, T. (1999) ' "One train may be hiding another": private history, memory and national identity', *Screening the Past*, 6 [online]. Available at: http://www. latrobe. edu. au/

screeningthepast/classics/rr0499/terr6b. htm （ accessed 19 June 2011）.

Fiddy, D. （2001）*Missing Believed Wiped: Searching for the Lost Treasures of British Television* （London: BFI）.

Freedland, J. （2004） ' Out of the box ', *The Guardian* （10 February）［online］. Available at: http://www. guardian. co. uk/g2/story/0, 3604, 1144522, 00. html （ accessed 25 November 2004）.

Freud, S. （1990） ' The uncanny ' in A. Dickson （ ed. ） *The Penguin Freud Library Volume* 14: *Art and Literature* （Harmondsworth: Penguin）.

Garnett, T. （2000） ' Contexts ' in J. Bignell, S. Lacey and M. Macmurraugh-Kavanagh （ eds ） *British Television Drama: Past, Present and Future* （Hampshire: Palgrave Macmillan）.

Garoian, C. R. （2001） ' Performing the museum ', *Studies in Art Education*, 42. 3, 234 – 248.

Gauntlett, D. and Hill, A. （1999） *TV Living: Television Culture and Everyday Life* （London: BFI）.

Geller, M. （ ed. ） （1990） *From Receiver to Remote Control: The TV Set* （New York: The New Museum of Contemporary Art）.

Geraghty, C. （1981） ' The continuous serial-a definition ' in R. Dyer （ ed. ） *Coronation Street* （London: BFI）.

Gilroy, P. （2004） *After Empire: Melancholia or Convivial Culture?* （London: Routledge）.

Gilroy, P. (2005) *Postcolonial Melancholia* (New York: Columbia University Press).

Goodwin, C. (2007) 'Just look who's laughing now', *The Sunday Times* (18 August).

Grainge, P. (2002) *Monocrome Memories: Nostalgia and Style in Retro America* (London: Praeger).

Gray, J. (2008) *Television Entertainment* (London: Routledge).

Greenblatt, S. (1990) 'Resonance and Wonder' in Ivan Karp and Steven D. Lavine (eds) *Exhibiting Cultures: The Poetics and Politics of Museum Display* (Washington: Smithsonian Institution Press).

Hanhardt, J. G. (1990) 'The anti-TV set' in M. Geller (ed.) *From Receiver to Remote Control: The TV Set* (New York: The New Museum of Contemporary Art), pp. 111 – 114.

Hartman, G. (2001) 'Tele-suffering and testimony in the dot com era' in B. Zelizer (ed.) *Visual Culture and the Holocaust* (New Brunswick, NJ: Rutgers University Press).

Haslam, D. (2007) *Young Hearts Run Free: The Real Story of the 1970s* (London: Harper Perennial).

Heath, S. and Skirrow, G. (1977) 'Television, a World in Action', *Screen*, 18. 2, 53 – 54.

Hills, M. (2008) 'The dispersible television text: theorising moments of the new *Doctor Who*', *Science Fiction Film and Television*, 1. 1, 25 – 44.

Hirsch, M. (1997) *Family Frames: Photography, Narrative and Post-Memory* (Cambridge, MA: Harvard University Press).

Hirsch, M. (2008) 'The generation of post-memory', *Poetics Today*, 29. 1, 103 – 128.

Hobson, D. (1982) *Crossroads: The Drama of a Soap Opera* (London: Methuen).

Hogg, C. (2010) 'Re-evaluating the archive in Stephen Poliakoff's *Shooting the Past*', *Journal of British Cinema and Television*, 6. 3, 437 – 451.

Holdsworth, A. (2006) 'Slow television and Stephen Poliakoff's *Shooting the Past*', *Journal of British Cinema and Television*, 3. 1, 128 – 133.

Holdsworth, A. (2010) 'Televisual memory', *Screen*, 51. 2, 129 – 142.

Hooper-Greenhill, E. (2000) *Museums and the Interpretation of Visual Culture* (London: Routledge).

Hoskins, A. (2009) 'The mediatisation of memory' in J. Garde-Hansen, A. Hoskins and A. Reading (eds) *Save As ... Digital Memories* (London: Palgrave Macmillan).

Hunt, T. (2005) 'Whose story?', *The Observer* (19 June) [online]. Available at: http://media.guardian.co.uk/broadcast/story/0,7493,1509770,00.html (accessed 25 November 2005).

Hunt, T. (2007) 'The time bandits', *The Guardian* (10

September) [online]. Available at: http://www. guardian. co. uk/media/2007/sep/10/mondaymediasection. television1 (accessed 17 September 2007).

Hutcheon, L. (1985) *A Theory of Parody: The Teachings of Twentieth-Century Art Forms* (London: Methuen).

Hutcheon, L. (1998) 'Irony, nostalgia and the postmodern'. Available at: www. library. utoronto. ca/utel/criticism/hutchinp. html (accessed 12 November 2005).

Huyssen, A. (1995) *Twilight Memories: Marking Time in a Culture of Amnesia* (London: Routledge).

Huyssen, A. (2003) *Present Pasts: Urban Palimpsests and the Politics of Memory* (Stanford: Stanford University Press).

Jacobs, J. (2001) 'Issues of judgement and value in television studies', *International Journal of Cultural Studies*, 4. 4, 427 – 447.

Jacobs, J. (2003) *Body Trauma TV* (London: BFI).

Jameson, F. (1991) *Postmodernism, or the Cultural Logic of Late Capitalism* (London: Verso).

Jensen, E. (2007) 'New name and mission for Museum of Television', *The New York Times* (5 May) [online]. Available at: http://www. nytimes. com/2007/06/05/arts/design/05pale. html (accessed 5 May 2007).

Johnson, C. (2007) 'Tele-branding in TVIII: the network as brand and the programme as brand', *New Review of Film and*

Television Studies ,5. 1 ,5 – 24.

Kermode, F. (1967) *The Sense of an Ending* (Oxford and New York: Oxford University Press).

Kerr, P. (2009) 'The Last Slave (2007): The genealogy of a British television history programme', *Historical Journal of Film, Radio and Television*, 29. 3, 381 – 397.

Kinder, M. (2008) 'Re-wiring Baltimore: The emotive power of systemics, seriality and the city', *Film Quarterly*, 62. 7, 50 – 57.

Klein, K. (2000) 'On the emergence of memory in historical discourse', *Representations*, 69, 127 – 150.

Kleinecke-Bates, I. (2006) 'Representations of the Victorian age: interior spaces and the detail of domestic life in two adaptations of Galsworthy's *The Forsyte Saga*', *Screen*, 47. 2, 139 – 162.

Kompare, D. (2002) 'I've seen this one before: the construction of "classic TV" on cable television' in J. Thumin (ed.) *Small Screens, Big Ideas: Television in the 1950s* (London: I. B. Tauris).

Kompare, D. (2003) 'Greyish Rectangles: creating the television heritage', *Media History*, 9. 2, 153 – 169.

Kompare, D. (2005) *Rerun Nation* (London: Routledge).

Kuhn, A. (1995) *Family Secrets: Acts of Memory and*

Imagination (London: Verso).

Kuhn, A. (2000) 'A journey through memory' in S. Radstone (ed.) *Memory and Methodology* (Oxford: Berg).

Lacey, S. (2006) 'Some thoughts on television history and historiography: a British perspective', *Critical Studies in Television*, 1.1, 3 - 12.

Landsberg, A. (2004) *Prosthetic Memory* (New York: Columbia University Press).

Lawson, M. (2001) 'Like nothing else', *The Guardian* (7 May). Available at: http://shootingthepast. tripod. com/perfectstrangers/articles/guardian2. htm (accessed 3 March 2005).

Lawson, M. (2004) 'Theories of relativity', *The Guardian* (11 October) [online]. Available at: http://media. guardian. co. uk/broadcast/comment/0, 7493,1324343,00. html (accessed 23 October 2005).

Leal, O. F. (1990) 'Popular taste and erudite repertoire: the place and space of television in Brazil', *Cultural Studies*, 4.1, 19 - 29.

Lennon, P. (2001) 'No sex, no violence-the viewers will love it', *The Guardian* (3 May). Available at: http://shootingthepast. tripod. com/perfectstrangers/articles/guardian. htm (accessed 3 March 2005).

Leonard, M. (2007) 'Constructing histories through material

culture: popular music, museums and collecting ', *Popular Music History*, 2. 2, 147 – 167.

Leonard, M. (2010) ' Exhibiting popular music: museum audiences, inclusion and social history ', *Journal of New Music Research*, 39. 2, 171 – 181.

Leverette, M. , Ott, B. L. and Buckley, C. L. (eds) (2008) *It's Not TV: Watching HBO in the Post-Television Age* (London: Routledge).

Lury, K. (2001) *British Youth Television: Cynicism and Enchantment* (Oxford: Oxford University Press).

Lury, K. (2003) ' Closeup: documentary aesthetics ', *Screen*, 44. 1, 101 – 105.

Lury, K. (2005) *Interpreting Television* (London: Hodder Arnold).

Lury, K. (2007) ' A response to John Corner ', *Screen*, 48. 3, 371 – 376.

Macdonald, M. (2006) ' Performing memory on television: documentary and the 1960s ', *Screen*, 47. 3, 327 – 345.

Macmurraugh-Kavanagh, M. (1999) ' Boys on top: gender and authorship on the BBC Wednesday Play, 1964 – 70 ', *Media Culture and Society*, 21. 3, 403 – 425.

Macmurraugh-Kavanagh, M. (2000) ' Too secret for words: coded dissent in female authored Wednesday Plays ' in J.

Bignell, S. Lacey and M. Macmurraugh-Kavanagh (eds) *British Television Drama: Past, Present and Future* (Houndmills: Palgrave Macmillan).

Maconie, S. (2006) 'Love is all', *Radio Times* (28 October-3 November), p. 18.

Maillet, A. (2004) *The Claude Glass: Use and Meaning of the Black Mirror in Western Art* [New York: Zone Books (trans. Jeff Fort)].

Marc, D. (1984) *Democratic Vistas: Television in American Culture* (Philadelphia, PA: University of Pennsylvania Press).

Marcus, D. (2004) *Happy Days and Wonder Years: The Fifties and the Sixties in Contemporary Cultural Politics* (London: Rutgers University Press).

McCabe, J. and Akass, K. (eds) (2007) *Quality TV: Contemporary American Television and Beyond* (London: I. B. Tauris).

McCarthy, A. (2003) *Ambient Television* (Durham: Duke University Press).

McGrath, J. (2000) 'TV drama: then and now' in J. Bignell, S. Lacey and M. Macmurraugh-Kavanagh (eds) *British Television Drama: Past, Present and Future* (Houndmills: Palgrave Macmillan).

McKee, A (2010) 'YouTube versus the National Film and Sound Archive: Which is the most useful resource for historians of Australian television?', *Television and New Media*, 20. 10, 1 – 20.

McNamara, M. (2010) 'Review: "Who Do You Think You Are?" on NBC', *Los Angeles Times* (5 March) [online]. Available at http://articles. latimes. com/2010/mar/05/entertainment/la-et-who-do-you5-2010mar05 (accessed 2 September 2010).

Meech, P. (1999) 'Watch this space: the on-air marketing communications of UK television', *International Journal of Advertising*, 18. 3, 191 – 304.

Mellencamp, P. (1990) 'TV time and catastrophe, or *Beyond the pleasure principle* of television' in P. Mellencamp (ed.) *Logics of Television: Essays in Cultural Criticism* (London: BFI).

Mitscherlich, A. and Mitscherlich, M. (1975) *The Inability to Mourn: Principles of Collective Behaviour* [New York: Grove Press (trans. Beverly P. Paczek)].

Mittell, J. (2006) 'Narrative complexity in contemporary American television', *The Velvet Light Trap*, 58, 29 – 40.

Mittell, J. (2008) 'All in the game: *The Wire*, serial storytelling and procedural logic' in P. Harrigan and N. Wardip-Fruin (eds) *Third Person* (Cambridge, MA: MIT Press).

Moran, A. (2009) 'Reasserting the national? Programme formats, international television and domestic culture' in G.

Turner and J. Tay (eds) *Television Studies After TV* (London: Routledge).

Moran, J. (2002) 'Childhood and nostalgia in contemporary culture', *European Journal of Cultural Studies*, 5.2, 155 – 173.

Moran, J. (2004) 'History, memory and the everyday', *Rethinking History*, 8.1, 51 – 68.

Morley, D. (1986) *Family Television: Cultural Power and Domestic Leisure* (London: Comedia).

Morley, D. (2007) *Media, Modernity and Technology: The Geography of the New* (London: Routledge).

Morse, M. (1990) 'The end of the television reciever' in M. Geller (ed.) *From Receiver to Remote Control: The TV Set* (New York: The New Museum of Contemporary Art).

Muller, A. (2006) 'Notes toward a theory of nostalgia: childhood and the evocation of the past in two European "Heritage" films', *New Literary History*, 37.4, 739 – 760.

Murdock, G. (1980) 'Authorship and organisation', *Screen Education*, 35, 19 – 34.

Nelson, J. L. (1990) 'The dislocation of time: a phenomenology of television reruns', *Quarterly Review of Film and Video*, 12.3, 79 – 92.

Nelson, R. (2006) 'Locating Poliakoff: an auteur in contemporary TV drama', *Journal of British Cinema and*

Television, 3.1, 122 – 127.

Nelson, R. (2007) *State of Play: Contemporary "High End" TV Drama* (Manchester: Manchester University Press).

Newman, K. (2005) *Doctor Who* (London: BFI).

Newman, M. Z. (2006) 'From beats to arcs: towards a poetics of television narrative', *The Velvet Light Trap*, 58, 16 – 28.

Olin, M. (2002) 'Touching photographs: Roland Barthes's "mistaken" identification', *Representations*, 80, 99 – 118.

O'Sullivan, T. (1991) 'Television memories and cultures of viewing 1950—1965' in J. Corner (ed.) *Popular Television in Britain: Studies in Cultural History* (London: BFI), pp. 159 – 181.

O'Sullivan, T. (1998) 'Nostalgia, revelation and intimacy: tendencies in the flow of modern popular television' in C. Geraghty and D. Lusted (eds) *The Television Studies Book* (London: Arnold).

Pantti, M. and Van Zoonen, L. (2006) 'Do crying citizens make good citizens?', *Social Semiotics*, 16.2, 205 – 224.

Parry, R. (2006) *Recoding the Museum: Digital Heritage and the Technologies of Change* (London: Routledge).

Paxman, J. (2006) 'Jeremy Paxman', *Radio Times* (7 – 13 January), 18 – 19.

Pickering, J. (1997) 'Remembering D-Day: a case history in

nostalgia' in J. Pickering and S. Kehde (eds) *Narratives of Nostalgia, Gender and Nationalism* (London: Macmillan Press).

Pickering, M. and Keightley, E. (2006) 'The modalities of nostalgia', *Current Sociology*, 54. 6, 919 – 941.

Piper, H. (2004) 'Reality television, *Wife Swap* and the drama of banality', *Screen*, 45. 4, 273 – 286.

Plater, A. (2000) 'The age of innocence' in J. Bignell, S. Lacey and M. Macmurraugh-Kavanagh (eds) *British Television Drama: Past, Present and Future* (Houndmills: Palgrave Macmillan).

Polan, D. (2009) *The Sopranos* (Durham: Duke University Press).

Radstone, S. (ed.) (2000)*Memory and Methodology* (Oxford: Berg).

Radstone, S. (2007) *The Sexual Politics of Time: Confession, Nostalgia, Memory* (London: Routledge).

Roberts, G. and Taylor, P. M. (eds) (2001) *The Historian, Television and Television History* (Luton: University of Luton Press).

Root, J. (1990) 'The set in the sitting room' in M. Geller (ed.) *From Receiver to Remote Control: The TV Set* (New York: The New Museum of Contemporary Art) pp. 45 – 47.

Rowan, D. (2005) 'Interview: Ian Hislop, Private Eye',

Evening Standard (16 November). Available at: http://www. davidrowan. com/2005/11/interviewian-hislop-private-eye. html (accessed 10 September 2007).

Saar, M. (2002) 'Genealogy and subjectivity', *European Journal of Philosophy*, 10. 2, 231 – 245.

Sandon, E. (2007) 'Nostalgia as resistance: the case of the Alexandra Palace Television Society and the BBC' in H. Wheatley (ed.) Re-*viewing Television History: Critical Issues in Television Historiography* (London: I. B. Tauris).

Scannell, P. (1996) *Radio, Television and Modern Life* (Oxford: Blackwell).

Schlesinger, P. (2010) ' "The most creative organisation in the world"? The BBC, "creativity" and managerial style', *International Journal of Cultural Policy*, 16. 3, 271 – 285.

Sconce, J. (2000) *Haunted Media* (Durham: Duke University Press).

Sconce, J. (2004) 'What if? Charting television's new textual boundaries' in L. Spigel and J. Olsson (eds) *Television After TV: Essays on a Medium in Transition* (Durham: Duke University Press).

Shattuc, J. (1997) *The Talking Cure: TV, Talk Shows and Women* (London: Routledge).

Sherlock, P. (2010) 'The reformation of memory in early modern Europe' in S. Radstone and B. Schwarz (eds)

Memory: Histories, Theories, Debates (New York: Fordham University Press).

Silverstone, R. (1994) *Television and Everyday Life* (London: Routledge).

Smit, A. (2010) *Broadcasting the Body: Affect, Embodiment and Bodily Excess on Contemporary Television* (Unpublished PhD Thesis: University of Glasgow).

Sontag, S. (1977) *On Photography* (London: Penguin Classics).

Spicer, G. (2006) 'National Media Museum—A new name and remit for Bradford museum', *24 Hour Museum* (28 November) [online]. Available at: http://www. 24hourmuseum. org. uk/ nwh_ gfx_ en/ART41898. html (accessed 7 August 2007).

Spigel, L. (1992a) 'Installing the television set: popular discourses on television and domestic space' in L. Spigel and D. Mann (eds) *Private Screenings: Television and the Female Consumer* (Minneapolis, MN: University of Minnesota Press).

Spigel, L. (1992b) *Make Room for TV: Television and the Family Ideal in Postwar America* (Chicago, IL: Chicago University Press).

Spigel, L. (2001) *Welcome to the Dreamhouse* (Durham: Duke University Press).

Spigel, L. (2004) 'Introduction' in L. Spigel and J. Olsson (eds) *Television After TV: Essays on a Medium in Transition*

(Durham: Duke University Press).

Spigel, L. (2005) 'Our TV heritage: television, the archive and the reasons for preservation' in J. Wasko (ed.) *A Companion to Television* (London: Blackwell).

Spigel, L. (2010) 'Housing television: architectures of the archive', *The Communication Review*, 13, 52–74.

Spigel, L. and Curtin, M. (eds) (1997) *The Revolution Wasn't Televised: Sixties Television and Social Change* (London: Routledge).

Steedman, C. (2001) *Dust* (Manchester: Manchester University Press).

Stewart, S. (1993) *On Longing* (Durham: Duke University Press).

Strange, N. (2011) 'Multiplatforming public service: The BBC's "bundled project"' in J. Bennett and N. Strange (eds) *Television as Digital Media* (Durham, NC: Duke University Press).

Sturken, M. (1997) *Tangled Memories: The Vietnam War, the AIDS Epidemic and the Politics of Remembering* (Berkeley, CA: University of California Press).

Sumpner, C., Roberts, R., Armitage, U. and Cross, J. (2005) *Who Do You Think You Are? 360 Audience Feedback.* MC and A: audience and consumer research (for the BBC).

Sutcliffe, T. (2010) 'The weekend's TV', *The Independent* (14

June) [online]. Available at: http://www. independent. co. uk/arts-entertainment/tv/reviews/the-weekends-tv-who-do-you-think-you-are-sun-bbc1brrichard-hammondsengineering-connections-sun-bbc2-1999546. html (accessed 2 September 2010).

Tannock, S. (1995) ' Nostalgia critique ', *Cultural Studies*, 9. 3, 453 −464.

Taylor, P. M. (2001) ' Television and the future historian ' in G. Roberts and P. M. Taylor (eds) *The Historian, Television and Television History* (Luton: University of Luton Press).

Thompson, S. (2005) ' Sky One to trace royal roots of families ', *Broadcast Now* (1 December) [online]. Available at: www. broadcastnow. co. uk (accessed 12 January 2006)

Thorpe, V. (2004) ' How Meera Syal traced her revolutionary roots ', *The Observer* (10 October) [online]. Available at: http://www. guardian. co. uk/media/2004/oct/10/broadcasting. uknews (accessed October 2005).

Tincknell, E. (2010) ' A sunken dream: music and the gendering of nostalgia in *Life on Mars* ' in I. Inglis (ed.) *Popular Music and Television in Britain* (Surrey: Ashgate).

Turim, M. (1989) *Flashbacks in Film* (London: Routledge).

Van Dijck, J. (2008) ' Future memories: the construction of cinematic hindsight ', *Theory, Culture and Society*, 25. 3, 71 − 87.

Wall to Wall (2006) 'Who Do You Think You Are? forges new roots on BBC ONE' (Press release, 16 February 2006).

Wheatley, H. (2006) *Gothic Television* (Manchester: Manchester University Press).

Wheatley, H. (ed.) (2007) Re-*viewing Television History: Critical Issues in Television Historiography* (London: I. B. Tauris).

Wheeler, W. (1994) 'Nostalgia isn't nasty: the postmodernising of parliamentary democracy' in M. Perryman (ed.) *Altered States: Postmodernism, Politics, Culture* (London: Lawrence and Wishart).

White, M. (2004) 'The attractions of television: reconsidering liveness' in N. Couldry and A. McCarthy (eds) *MediaSpace: Place, Scale and Culture in a Media Age* (London: Routledge).

Whittaker, C. (2001) 'How the BBC pictured itself' in G. Roberts and P. M. Taylor (eds) *The Historian, Television and Television History* (Luton: University of Luton Press).

Williams, R. (1974) *Television: Technology and Cultural Form* (London: Fontana).

Willis, J. (2005) 'John Willis'speech in full', *Broadcast Now* [online]. Available at: www. broadcastnow. co. uk (accessed 15 October 2005).

Wilson, R. (2008) 'Remembering to forget? - The BBC

Abolition Season and media memory of Britain's transatlantic slave trade ', *Historical Journal of Film, Radio and Television*, 28. 3, 391 – 403.

Wolfreys, J. (2002) *Victorian Hauntings: Spectrality, Gothic, the Uncanny and Literature* (Basingstoke: Palgrave Macmillan).

Wollaston, S. (2006) ' Last night's TV ', *The Guardian* (10 January) [online] http://www. guardian. co. uk/media/2006/jan/10/broadcasting. tvandradio (accessed 6 September 2010).

Wollaston, S. (2009) ' Last night's TV ', *The Guardian* [online] http://www. guardian. co. uk/culture/2009/apr/28/ashes-to-ashes-tv-review (accessed 6 September 2010).

Wood, H. (2009) *Talking With Television: Women, Talk Shows, and Modern Self-Reflexivity* (Urbana, IL: University of Illinois Press).

Wood, H. and Taylor, L. (2008) ' Feeling sentimental about television and audiences ', *Cinema Journal*, 47. 3, 144 – 151.

Woods, F. (2007) *Teenage Kicks: Popular Music, Identity and Representation in Teen Film and Television* (Unpublished PhD Thesis: University of Warwick).

索引

（索引页码均为英文原著页码，即本书边码）

注：加粗页码指图片页

- **H** -